재미있게 배우는

인터넷 영어

공 호 경 저

지 성 문 화 사

머 리 말

앨빈 토플러가 예언한대로 제3의 정보 혁명이 몰아치면서 인터넷은 어느새 우리들의 생활 속으로 스며들어오고 있습니다. 예를 들어 과거 영화에서나 보던 화상통신이나 전자상거래, 인터넷TV까지 나오는 등 인터넷은 생활의 일부분이 되어가고 있습니다.

또한 최근 들어 코스닥에 상장되어서 순식간에 많은 이익을 거두었다는 인터넷 벤쳐기업들의 신화는 거품론에도 불구하고 일반인들로 하여금 "도대체 인터넷이 뭐길래?" 라는 의문부호를 던져주며 그 해답을 찾고자하는 인터넷항해의 동기를 부여해주고 있습니다.

그러나 많은 분들이 아직도 인터넷에서 서핑을 하실 때 영어 때문에 좀 골치를 썩이고 있는 실정입니다. 필자도 어느 날 인터넷사이트를 헤매다가 90%이상이 영어로 작성된 인터넷홈페이지를 보면서 "아! 정말 영어를 모르면 인터넷도 사용할 수 없겠구나!"하는 생각이 떠올랐습니다.

요즘은 한글로 된 사이트가 많이 생겼다고 하지만 웬만한 자료를 찾으려면 거의가 영문으로 된 사이트들이라서 벽(?)에 부딛치곤 합니다. 인터넷의 언어를 영어가 독식하고 있기 때문에 영어를 모르면 정보의 바다인 인터넷도 무용지물이 되고 말지요. 인터넷전용 번역프로그램이 많이 나왔다고는 하지만 영어의 특성상 완전한 번역은 어려운 실정입니다.

또한 인터넷에서만 쓰는 용어와 약어들도 적잖아서 영어를 꽤 한다는 사람들조차도 당황할 때가 있습니다. 그러나 영문사이트들을 여행하면서 만나는 영어는 그리 어려운 것이 아닙니다. 인터넷에 사용되는 영문들은 웹페이지의 특성상 확실한 의사전달을 위하여 비교적 짧고 간결한 문장과 단어들로 이루어져 있으며 그 난이도 또한 일상적인 생활에 쓰이는 필수적인 수준이라고 할 수 있습니다. 용어나 약어들 또한 그 나름대로의 특성과 원리를 이해하신다면 그리 무서워할 이유는 없다고 생각됩니다.

그러므로 인터넷을 사용하면서 만날 수 있는 여러 가지 영단어와 어휘 문장에 관해서 즐겁게 공부하는 시간을 가졌으면 합니다. 이미 시중 월간지 등에 인터넷영어에 관련한 글이 실리기도 했지만 그 내용이 인터넷과는 다소 거리가 멀었으나 여기서는 저절로 영어와 인터넷에 친숙해질 수 있도록 재미있는 이야기와 함께 중간에 영단어와 숙어를 삽입하여서 특별한 부담없이 읽으실 수 있도록 노력하였습니다.

일반인의 입장에서 웹사이틀 여행할 때 의문시할 수 있는 영어단어들을 여러 방면으로 자료를 수집하고 오랜 기간동안 준비하여 본 책자를 완성하였으므로 최소한 영어학습의 한 방면으로서의 그 길잡이의 역할은 충분히 할 수 있다고 생각합니다.

이러한 인터넷을 이용한 영어학습방식은 잘만 활용하면 오히려 기존의 영어서적이나 참고서, 기타 매체보다 더 나은 학습방식이 될 수 있다고 확신합니다.

아무쪼록 이 글이 독자 여러분께 조금이라도 도움이 된다면 그것만으로도 감사하게 생각하겠습니다.

공호경

· •● 차 례 ●• ·

5. 컴퓨터/인터넷

6. 경제/비지니스

7. 학습/진로

8. 사회

9. 생활/건강

부록

1. 스포츠 / 취미

1) 월드컵16강과 박찬호의 20승

2) 유머

3) 인터넷 낚시여행

1) 2002년 월드컵 16강과 박찬호의 20승

사진은 우리시대의 영웅 박찬호의 멋진 투구 (Pitching)모습입니다. 만나기 힘든 몸값 비싼 박찬호이지만 인터넷에서는 24시간 언제나 그의 소식과 모습을 볼 수가 있죠.

수년간 국내 야구팬들의 관심을 끌었던 것은 박찬호의 20승입니다. 국내 이동통신회사에서 자사 번호에 맞춰서 승수를 올리면 상금을 준다는 마케팅 등으로 화제를 모은 적도 있는데 이것도 박찬호의 인기를 반영한 하나의 사례라고 할 수 있을 것입니다.

만약 TV가 없는 사무실에서 박찬호의 20승 소식을 접할 수 있는 가장 빠른 방법은 무엇일까요? 그것은 아마 바로 인터넷일 것입니다. 인터넷으로 야구중계 (Relay Broadcasting) 를 실시간으로 볼수 있을뿐더러 빠른 속보로 접할 수도 있습니다. 이의 대표적인 예로 ESPN을 들 수 있습니다.

http://www.espn.com

이 SITE는 ESPN SPORTZONE으로서 미국에서 벌어지는 스포츠에 대한 모든 것을 알 수가 있습니다. 미식축구, 야구, NBA, 골프등 스포츠의 모

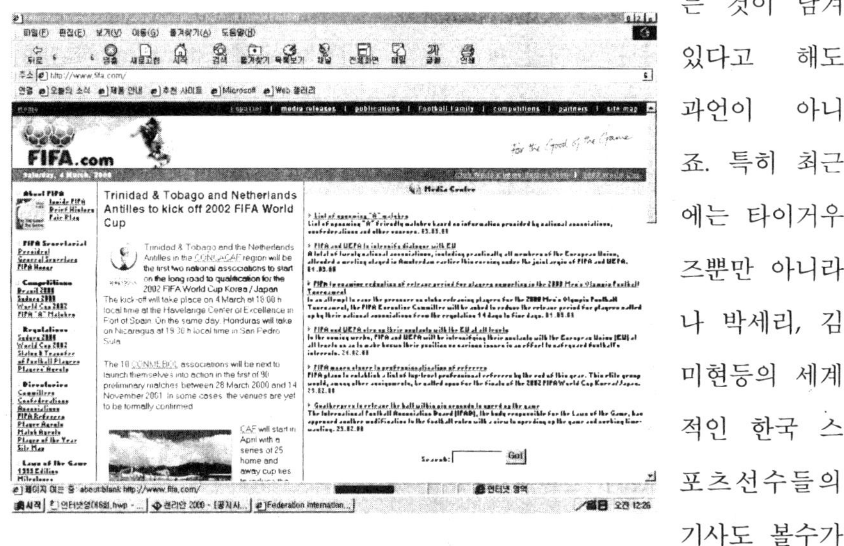

든 것이 담겨 있다고 해도 과언이 아니죠. 특히 최근에는 타이거우즈뿐만 아니라 나 박세리, 김미현등의 세계적인 한국 스포츠선수들의 기사도 볼수가 있어 좋더군요. 물론 박찬호를 만날수 있는 것은 물론이지요. 멀티미디어란으로 가면 이외에도 각종 스포츠 동영상 하이라이트를 맛볼 수 있습니다.

아시다시피 우리나라가 일본과 같이 2002년 월드컵의 공동 개최국(HostCountry)이 되면서 현재 각종 스포츠 시설(Sport Facility)에 대한 투자 및 건설이 활발히 이루어지고 있습니다.

축구전용구장을 만든다느니 그게 아니고 육상경기 (Track And Field

Games)나 여타 다른 경기 (Athletics)가 가능한 다목적 구장을 만든 다든지 말이 많았습니다. 하지만 이 모두가 체육(Physical Education)에 대한 투자라는 측면에서는 긍정적인 면이 있다고 할 수 있습니다. 그러나 비단 축구뿐만 아니라 올림픽등 국제 경기에서만 반짝하는 비인기 종목들인 체조 (Gymnastics), 양궁(Archery) ,조정(Rowing), 카누 (Canoeing), 근대5종경기 (Modern Pentathion), 카약 (Kayaking), 요트 (Yachting)등에도 관심을 가져서 바야흐르 국민체육으로 승화시킬 수 있도록 노력을 기울이는 것이 선진국으로 가는 또 하나의 과제라는 생각이 듭니다.
불행히도 지난 98년 프랑스 월드컵시 16강 진출에 실패한 차범근 감독에 대한 책임전가라든가 선수협 파동을 불러일으킨 KBO의 독단적인 운영 등으로 보아서 아직까지는 발전해야할 부분이 많다고 생각합니다.

추천 스포츠 SITE.

BOXING HALL OF FAME-www.ibhof.com/ibhfhome.htm

CBS스포츠라인-www.sportsline.com

CNN 스포츠-cnn.com/~SPORTS

ESPN 스포츠존-espnet.sportszone.com

FIFA공식 홈페이지-www.fifa.com/index.html

NBA TOP 50(NBA이슈 50)-www.nba.com/nbaat50

ON HOOPS-www.onhoops.com

SPORTLINE-www.sportsline.com

TOTAL BASEBALL ONLINE-www.totalbaseball.com

US 오픈-www.usopen.org

국제 피겨스케이팅 잡지-www.ifsmagazine.com/main.html

나가노 올림픽 정보-츈.sportsline.com/u/olympics/nagano98

나이키-www.nike.com

니그로 리그-www.majorleaguebaseball.com/nbl

데비 윅스의 피겨스케이팅-www.debbiwilkes.com

리조트 스포츠-www.rsn.com

배낭족-www.thebackpacker.com

스피드 스케이팅 정보-www.microtec.net/~mouraux/speedskating

안드레 아가시 비공십 웹 페이지-users.ids.net/agassi

유도 기술 익히기-www.rain.org/~ssa/judo.htm

INTERNET 스키동호회-www.lynxcom.com/pje/skipage.html

잔전거 타는 사람-www.bicyclist.com

치열한 아이스하기-www.geocities.com/Colosseun/Field/6526/goons.html

컬링-www.inthehack.com

클리프 행어-www.aboutclimbing.com

프로레슬링 월드-www.pro-wrestling.com

2) 인터넷속의 유머

http://www.laughnet.net/ "웃으면 복이 와요" "웃음은 명약"등의 이야기처럼 찌들은 일상사에서 웃음이 없다면 이 삭막한 세상을 어떻게 한시라도 살수 있을까요?

어떤 것이든지 마찬가지이겠지만 무엇이든 재미를 들여서 하면 결코 실패할 일이 없을 것입니다. 영어공부도 마찬가지이겠지요. 인터넷 속에서는 셀 수 없을 정도의 유머사이트들이 있는데 이 모두가 웃음의 전도사로서 웹서핑을 즐겁게 하고 있습니다. 그러나 불행히도 어떤 전공영어보다 어려운 것이 유머에 쓰이는 영어입니다. 유머는 말의 이중성(ambiguity)이나 은유(metaphor)를 통해서 '빗대는 예술' 이기 때문이지요 특히 이런 유머를 '펀(pun, word play: 말장난)' 이라고 하는데, 이는 미국적인 문화에 대한 이해 없이는 완벽하게 해석하기란 불가능합니다. 예를 들어 외국사람이 한국말을 잘한들 과연 "순풍산부인과"나 "개그콘서트"같은 프로그램을 보고 이해할 수 없듯이 말이지요.

하루아침에 이런 고급영어들을 소화할 수는 없겠지만 여기서는 간단한 예를 통해 이들 유머가 어떻게 영어로 표현되는지 알아보겠습니다.

어느날 미 대통령 부부인 빌과 힐러리가 차를 타고 힐러리의 고향 마을 부근 시골길을 달리고 있었다. (Bill and Hillary are out driving in the country near Hillary's hometown)연료가 떨어져가자 (They are low on fuel) 빌은 한 주유소에 차를 댔다(pulls into a gas station for a fill-up) 주유원이 나와서 대통령 부부의 차에 휘발유를 채우기 시작했다.(The attendant comes out and begins to pump gas into the first couple's tank) 그러던 중 그는 창문을 들여다보고 이렇게 말했다.(As he is doing this, he looks into the passenger window)

"어이, 힐러리. 우린 고등학교 때 데이트를 즐겼잖아. 생각 안나?" ("Hey, Hillary. We used to date in high school, do you remember me?") 둘은 몇 분 동안 그렇게 이야기를 주고받았다.(They chat for a few minutes.) 빌이 기름값을 지불하고 차는 주유소를 떠났다.(Bill pays and they leave) 운전하면서 의기양양해진 빌은 힐러리를 건네다 보며 뽐내는 말투로 이렇게 말했다.(As they drive Bill is feeling very proud of himself and looks over at Hillary)

"그래 저 작자와 데이트를 했다고? 생각해봐, 나랑 결혼 안 했으면 어떻게 되었을지 말야." (You used to date that guy? Just think what it would be like if you hadn't married me.)힐러리가 빌을 쳐다보며 대답했다 (Hillary looks at Bill, shrugs and replies). "뭐, 당신이 저기서 기름을 넣고 있고, 저 작자는 대통령이 되었겠죠."(Well, I guess you'd be pumping gas and he'd be the President.)

low on fuel: out of gas; 연료가 바닥나다.

pull into: ~로 차를 대다.

fill-up: 기름을 가득 채움. 동사로는 '기름을 가득 채우다'라는 뜻.

pump gas into: ~에 기름을 채워넣다.

first couple: 대통령 부부.

chat: (가볍게) 이야기를 나누다, 담소하다.

look over at: ~을 어깨너머로 쳐다보다.

what it would be like: 어떠했을지.

smugly: 으쓱해 하며, 뽐내는 투로.

shrug: (모르거나 대수롭지 않다는 투로) 어깨를 으쓱하다.

웃음등의 감정을 표현하는 부분이야말로 가장 어려운 게 아닌가 생각합니다. 그러나 이 또한 영어를 이해하려면 피할 수 없는 부분이기도 합니다.

Emotion 감정,감동

feeling 특정한 감각이나 주관적인 감정을 표현하는 일반적인 말

passion 너무 강해서 이성이나 판단력으로 억제할 수 없는 강렬한 감정

sentiment 사고와 감정이 섞인 세련되고 부드러운 감정

bliss 큰 행복,환희

ecstasy 황홀경,도취

rapture 큰 기쁨

delight 기쁨

beautiful

fury 격분,격심함

rage 분격,흥분상태

wrath 분노

indignation 분개

resent 격노하다

irritate 화나게 하다

exasperate 노하게 하다

offend 성나게 하다

get out of temper 화를 내다

dejected 낙심한

melancholy 우울한

blue 우울한

bitter 몹시 슬픈

pathetic 애처로운

depressed 우울한

gloomy 우울한

sorrowful 슬픈

sad 슬픈

grievous 비통한

mourn 애도하다

lament 슬퍼하다,탄식하다

fear 두려움

dread (특정대상에 접근할 때의)두려움

fright 공포

terror (무서운)공포

panic (돌연한)공포

awe 경외,두려움

horror 공포,혐오

horrid 무서운

scare 위협하다,놀라게 하다

apprehend 염려하다

moving 감동시키는

touching 감동시키는

impressive 감동을 주는

emotional 감동적인

grieve 슬프게 하다, 몹시 슬퍼하다

grief 슬픔

weep 눈물을 흘리다

sorrow 슬퍼하다

disappoint 실망시키다

disappointed 실망한

disappointment 실망

deject 낙담시키다

frustrate 실망시키다

despair 절망,단념하다

discourage 용기를 잃게 하다

solitary 고독한,외로운

solitude 고독

desolate 쓸쓸한,황폐한

forlorn 고독한,버려진

lonely 외로운

monotonous 지루한,단조로운

monotone 단조로움

monotony 단조,지루함

tedious 지루한,따분한

tiresome 지루한

dreary 지루한,음울한

dull 지루한,무딘

3) 인터넷 낚시여행

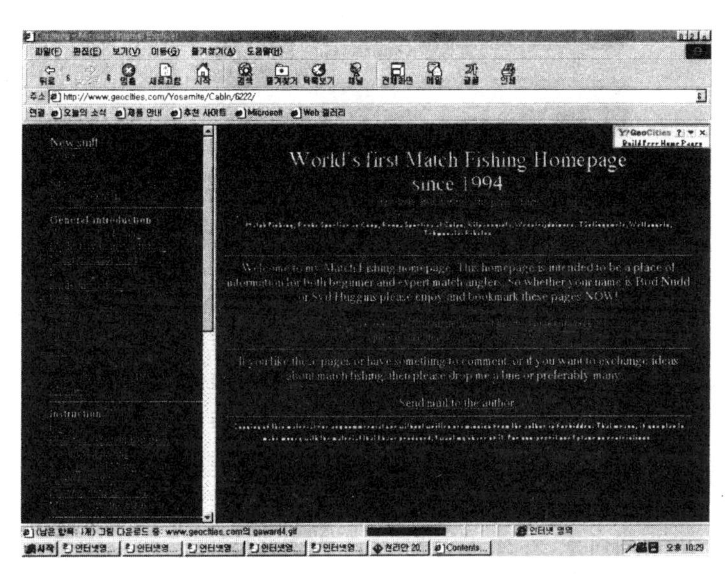

http://www.geocities.com/Yosemite/Cabin/6222/ 그림의 홈페이지는 세계 최초의 매치 낚시 홈페이지 (World's first Match Fishing Homepage)로서 이 홈페이지는 매치 낚시의 초보자와 전문가 양성을 위한 정보의 장으로 의도된 것입니다. (This homepage is intended to be a place of information for both beginner and expert match anglers) 여기서 낚시꾼을 가리켜 angler라고 일컫기도 하는데 이는 낚시꾼을 가리키는 또 다른 표현으로 널리 사용되기도 합니다. roadster이라고도 합니다.

취미에 관한 정보조차 인터넷에서 손쉽게 얻을 수 있다는 사실에 고마움을 느끼게 하는 사이트이기도 하지요.

http://www.the-fishing-network.com/

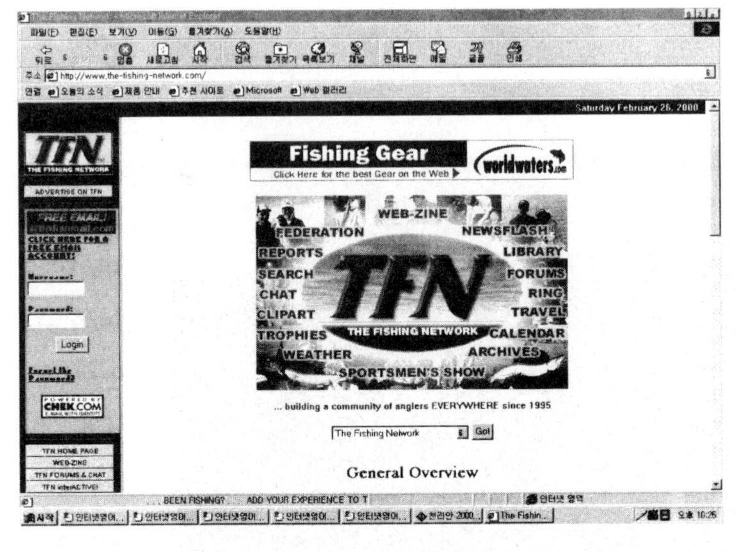

바쁜 세상을 살다보면 취미가 같은 사람을 만나기란 어려울 뿐더러 행여 그런 사람을 만난다면 며칠 밤을 세워 이야기해도 모자를 정도로 희열을 느낄 수 있을 것입니다.

일본에서는 각별한 취미를 가진 사람을 오타쿠(Otaku)라고 하여 그들의 열의를 일컫는데 우리 나라에도 취미생활에 온갖 정성을 기울이는 군상들을 흔히 볼 수 있습니다.

그중 대중적인 레저라면 바둑이나 낚시, 축구 등을 들 수 있을 것이고 특히 낚시처럼 온 국민의 사랑을 받고 그 매니아가 많은 종목도 드물 것입니다. 인터넷에서도 이처럼 낚시 광들을 위한 사이트가 많이 등장하였는데 그림도 그 중의 하나로서 낚시에 관한 여러 가지 정보를 제공하고 있는 홈페이지입니다.

낚시에는 민물낚시와 바다낚시가 있고 그중 흔히 즐길 수 있는 민물낚시의 경우 낚시도구(fishing tackle)로서는 낚싯대(sink)와 미끼 (bait), 낚시찌(float),낚시바늘(fish hook)등이 필요할 것이고 물론 낚시터(fishing place)도 준비되어야겠지요. 물론 바다낚시의 경우는 낚싯배(fishing boat)까지 있으면 좋겠지만.

인터넷에는 이러한 정보들을 손쉽게 구할수 있습니다.

이외에도 취미관련 사이트로는 온라인 게임(online game)이라고 하여 인터넷에서 접속된 상태에서 카드나 장기, 바둑등의 게임을 즐기기 도하며 또한 온라인 동호회라고 하여 취미가 같은 사람들끼리 모여서 웹사이트를 만들거나 동호회를 조직하여 함께 활동하고 있기도 합니다.
취미로 간주하자면 인터넷 서핑도 포함될 수 있겠지요?
그러나 최근에는 인터넷 카지노가 등장하여 많은 사람들이 피해를 입고 있기도 합니다.
각국에서 법률로 제정하여 이를 금지하면서 인터넷의 악점들과 싸우고 있습니다만 이를 자제하고 정보를 가릴 줄 아는 자세가 네티즌들에게 필요하다고 하겠습니다.

Hobbies 취미

Pastimes 여가

appreciate culture 문화를 감상하다

bingo 빙고

chess 체스, 장기

cooking 요리

dancing 춤

fishing 낚시

go 바둑

listening to music 음악감상

photography 사진촬영

play cards 카드놀이하다

knitting 뜨개질

SCUBA(=Self-Contained Underwater Breathing Apparatus) 스쿠버

see the movies 영화를 보다

stamp collecting 우표수집

watching TV TV보기

2. 오락/연예

1) 인터넷영화감상

2) JAPANIMATION과
ANTI-SAILOR-MOON

3) 노스트라다무스와 x-file

4) 스타크래프트와 플레이스테이션2

1) 인터넷영화 감상

샤론스톤이 원초적 본능에서 아슬아슬한 포즈를 취하는 극적(theatrical)인 모습이 많은 남성 관람객(seer)들의 심장을 두근거리게 만들었는데 혹자는 비디오로 구입해서 그 장면을 여러 번 재생(replay)해서 보는 성의를 보이기도 했습니다만 이젠 인터넷을 통해서 샤론스톤 뿐만 아니라 장르(genre)와 내용(synopsis)를 불문하고 어떤 영화에서든 등장하는 여러 아름다운 배우들의 모습을 마음껏 즐길 수 있는 시대가 왔습니다.

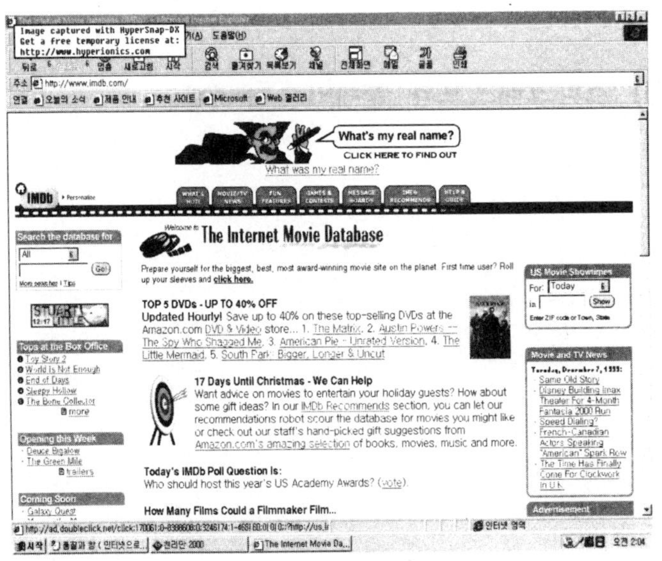

www.imdb.com의 홈페이지 먼저 INTERNET 영화 감상에서 가장 초보적인 단계로 IMDB(Internet Movie Data Base)의 예를 들 수가 있습

니다.

영국의 Cardiff대학에서 학술적으로 처음 서비스를 하다가 수년 간 엄청난 반향을 불러 일으켜서 30만명의 영화관련 인물과 TV시리즈를 포함해서 8천 5백편의 정보가 수록되어있는 최고의 SITE입니다. 야후 같은 검색엔진을 사용할 줄 아는 수준이시라면 그리 어렵지는 않게 이용하실 수 있습니다.

인터넷 속의 시민인 넷티즌(netizen)들의 영향은 엄청난 것이어서 배트맨 3,4탄에서 감독인 죠엘 슈마허가 팀버튼이 만든 우울한 세기말적인 배트맨을 만화 속의 주인공으로 복귀시키자 반대하는 네티즌들이 anti-schmaher site를 개설하여 맹렬히 비난한데 이어서 얼마전 말에서 떨어져 불구가 된 크리스토퍼 리브 대신에 능글맞게 생긴 니콜라스 케이지가 superman 5탄에 캐스팅 됐다는 소문이 들리자 네티즌들의 열화와 같은 반대로 취소(cancel)되어버린 전례가 있습니다. 머리 벗겨진 superman의 탄생을 막아 버린 것이죠.

www.starwars.com의 홈페이지

위의 SITE는 유명한 영화 스타워즈의 홈페이지입니다.

internet에 자리한 영화들은 네티즌들의 자발적인 참여에 의한 비공식 페이지가 주류를 이루고 있는 가운데 각 영화사들이나 회사들의 홍보 차원이나 마케팅 차원에서의 그러한 SITE들과 (이러한 site들의 URL은 대부분 WWW.영화제목.COM의 구조를 가지고 있습니다.) 그리고 나아가서 VOD(Video On Demand) 와 같이 TV와 연결된 internet으로 자신이 원하는 영화를 보는 등 무궁무진하기까지 합니다.

moving picture.영화(映畵).

moving-picture screen.screen.—계(界)

cinema drama. -극(劇)

see the movies영화를 보다

esthetics 미학

artistic 예술의

talent 재능, 예능인

gift 천부의 재능

recreation 기분 전환, 오락

amusement즐거움, 재미

entertainment환대, 연예(남에게 amusement를 주는 일)

script 대본, 각본

hero 남자주인공

heroin 여자주인공

director 감독

writer 작가

fiction 가상의, 지어낸 (이야기)

nonfiction 실화

actor 배우

2) Japanimation과 Anti-Sailor Moon

누구나 향수(homesickness) 어린 지난날이 있습니다. 사람에 따라서 다르겠지만 어릴 때 TV앞에서 마징가Z나 마린보이같은 만화영화를 보지 않은 사람은 별로 없을 겁니다. 최근 들어 이 만화가 새로운 비지니스 영역으로 시선을 모으면서 인터넷에서도 이런 종류의 사이트가 많이 등장하고 있습니다. 아주 특이할만한 사항은 이러한 만화관련 사이트를 운영하는 대다수의 Web Master(홈페이지를 전적으로 책임지고 운영하는 사람을 일컬음 홈페이지의 크기에 따라서 여러명의 Web Master들이 활동하기도 합니다)들이 성인(adult)들 이라는 점입니다. 아마 어릴적의동심으로 돌아가서 (become a child again) 잠시라도 사이버공간에서 옛추억을 되짚어보고 보고 싶은 이들이 많아서이겠지요.

하지만 어릴 적 우리가 보아오던 수많은 만화영화들이 일본만화(Japanimation)라는 사실은 민족적인 정서를 떠나서 웬지 서글픈(plaintive) 마음을 들게 합니다. 그러

나 만화를 이야기 할때 일본을 빼놓을 수 없을 정도로 만화에 관한한 일본은 세계 최고라고 할수 있습니다.

Japanimation이란 일본과 만화영화의 합성어 (a compound word)로서 일본만화영화를 비하하는 투의 명칭입니다. (물론 이것도 미국사람들이 지어준 별명입니다) 미국영화가 세계 시장(Market)의 90%이상을 차지하듯이 일본만화영화도 세계시장의 70-80%이상을 차지하고 있는 상황입니다.

일본이 오늘날의 만화왕국을 이루게 된 계기라고 한다면 정부가 간섭하지 않는 그 자유로운 창작 환경에서 일본인들 고유의 상상력이 발휘되어 온 것이 아닐까 합니다 이 정부의 무관섭이 속칭 "풍속산업"이라고 불리는 매춘산업을 일으키는 부작용 (side effect) 도 일으켰지만 만화를 자연스레 대하고 천대하지 않는 좋은 가치관도 생기지 않았나 봅니다.

일본의 가장 대표적인 인기만화하면 마징가 z가 떠오릅니다. 한일전 축구시합을할 때 우리나라 응원단이 응원가로 마징가 Z를 부르자 일본응원단이 한국이 자기들을 응원하는 줄 알고 의아해했다는 일화가 있듯이 우리는 어릴때

부터 일본만화에 젖어서 살아왔다고 해도 과언이 아닙니다 (it is not too much to say that) . 1970년대에 주제가와 함께 선풍적인 인기를 끌었던 마징가시리즈의 영향을 받아 우리나라에서도 태권도로 중무장한 <로보트 태권 V>가 만들어집니다. (후일 김청기 감독이 이 원본을 미국에 팔아버림으로서 지금은 원본이 소실되었지만) 우리나라가 로봇 태권v를 만들었을 때 우리는 극장에 가는 아이들을 나무라고 노트에 로봇을 그리는 소년들을 매질하였습니다. 그래서 아직가지 일본에도 팬이 있다는 나름대로의 독창성을 가지고 있던태권v의 신화는 사라지고 일본에 비해 한참 뒤떨어진 만화제작하청국가로 전력했지요 어떤 이들은 하청 수에서 세계에서 손꼽힌단 사실로 자부심을 가지려 하지만 사실 우리의 Technology는 지정해준 원화에 색칠하는 수준에 머무르는 노동 제공수준에 불과 합니다, 그래서 국산 만화들은 색채감이 떨어질 뿐 아니라 스토리나 화면구성 모든 면에서 조악한 면을 가질 수 밖에 없었죠. 비록 그동안 일부 국산만화영화들이 만들어져 방영하고 수출도 하고 있다고 하지만 일본에 비해서는 빙산의 일각(be but the visible peak on an iceburg)이라고 할수 있습니다. 반면 일본 만화는 지속적으로 발전을 계속하여서 만화 제국 일본은 1980년대부터 완전한 틀을 잡고 강력한 영향력을 전세계에 미치기 시작합니다. 미야자키 하야오의 "원령공주"나 오토모 가스히로의 "아키라"와같은 작품이 대표적이지요.(아키라는 마이클잭슨의 뮤직비디오에도 인용되기도 하였습니다.)

영화화 되기로 유명한 미국의 만화로는 '슈퍼맨''배트맨''스파이더맨''탱크걸'등 주로 마블 코믹스나 DC 코믹스에서 나오는 만화책 속의 주인공들도 있지요. 이들도 만화의 영역에서 이미 그들 나름대로의 영역을 차지하고 있습니다. 올칼라판으로 제작되는 dc코믹스의 만화책은 "이것은 만화가 아니라 예술작품이다"라는 찬사를 듣기도 합니다.

한편, 일본 만화와 애니메이션 팬이 급속도로 늘어나게 되면서 만화를 뜻하는 'Manga'(일본어로 만화 라는뜻)라든가 본 애니메이션을 뜻하는 'Anime' (역시 애니메이션의 일본식 영어표기)라는 말은 서양의 신문과 잡지에서도 쉽게 찾을 수 있고, 일본 본토보다 한술 더 뜨는 '오다꾸'들도 나타났습니다.

지금 Internet에는 미국과 유럽의 젊은이들이 만들어놓은 <란마 1/2> <드래곤 볼>등 일본만화의 Homepage가 수를 헤아릴수 없을 정도입니다. 이렇듯 세계에 영향력(the influencing power)을 미치고 있는 일본만화를 보면서 우리는 무엇을 느끼고 생각해야 하는가? 다행히 근래에 들어서 이런 성향을 극복하려는 모습이 보입니다. TV나 영화가에서도 국산제작 애니메이션을 제작하여서 방영하는가 하면 캐릭터 사업에서도 적극적인 모습이 보이기도 합니다.

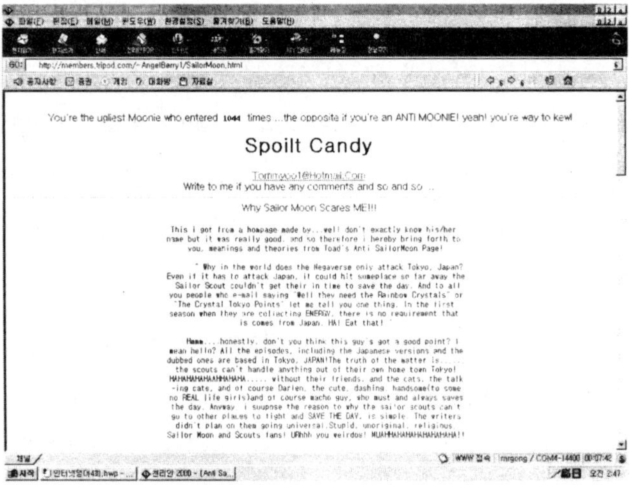

그림의 사이트는 일본 만화 세일러문의 성적인 저속성과 유치함을 힐난하는 내용을 담고있습니다. 이미 인터넷 곳곳에 퍼져있는 상황입니

다. 누가 무엇을 좋아하고 싫어하고는 개인의 성향 차이지만 인터넷에서는 이러한 사람들의 냉정한 표현(Expression)이라도 있어서 우리를 한번이라도 더 뒤돌아보게 만드는 지도 모르겠습니다.

3) 노스트라다무스와 X-FILE

http://www.geocities.com/Eureka/Park/7549/Vlaicu/index.html

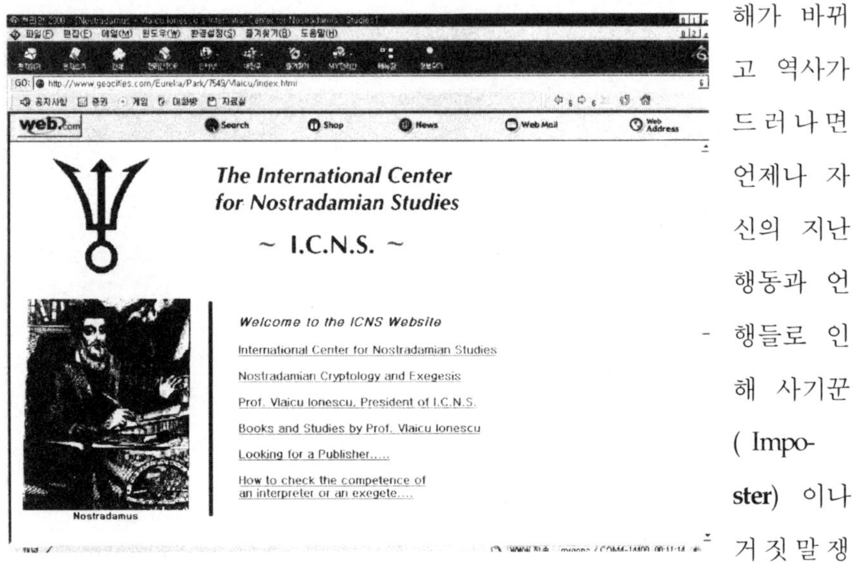

해가 바뀌고 역사가 드러나면 언제나 자신의 지난 행동과 언행들로 인해 사기꾼(Impo-ster) 이나 거짓말쟁이(Liar)가되는 사람들을 많이 볼 수 있습니다. 과거의 포악했던 정치인들이나 실패한 사업가들이 그 예가 되겠지요. 또한 미스터리 운운하면서 고대 고고학 (Archaeology)에 등장하는 피라미드나 미이라 등에 관한 괴이한 이야기들도 나중에 지어낸 것으로 드러나는 경우도 많습니다.

그 중에서 2000년이 되면서 톡톡한 망신살을 당한 (Bring a shame on oneself)아주 유명한 사람이 한 명 있습니다. 다름 아닌 노스트라 다무스라는 예언가(Prophet)입니다.

1900, 90의 9년, 7의 달

하늘에서 공포의 대왕이 내려오리라.

앙골모아의 대왕을 부활시키기 위해

그 전후 기간 마르스는 행복의 이름 하에 지배할 것이다.

위는 모든 세기라는 대 예언서에서 지구의 종말 (Come to an end)을 그린 부분을 일부분 따온 것으로 이것을 적은 사람은 바로 그 유명한 중세 유럽의 프랑스에 살았던 노스트라다무스라는 미래에 대한 무서운 예언을 한 사람입니다. 성은 노스트라다무스이며 이름은 미셸입니다. 노스트라다무스가 예언한 1999년 7월 인류 최후의 날에 대하여 끔직한 지구의 미래가 설명되어 있지요. 노스트라 다무스(1503~1566)는, 전생이 기독교의 천사장인 미카엘(Michael)이라고도 전해지고 있는 위대한 예언가입니다.
그러나 불행히도 그의 예언은 전혀 맞지 않고 21세기인 지금도 우리는 멀쩡하게 살아있습니다.

하늘은 타오르고, 세계의 대도시도 불타고 파괴된다.

이런 듣기 싫은 예언을 맘껏 떠들어놓은 근거는 무엇일까요? 독일의 그 유명한 파우스트라는 책의 첫머리에도 그의 이야기가 나오듯이 노스트라다무스의 이야기는 정말로 무시할 수 없는 영향력을 가지고 있기는 하지만 그렇다고 그의 이야기가 전적으로 사실이라고는 말할 수 없었습니다. 그의 예언에 대한 해설집(interpretation book)들이 예언이 거의 다 끝난 1940년대부터 나왔다는 것도 무시할 수 없는 근거가 됩니다.

나중에 밝혀진 바로는 출판사들이나 언론 매체들이 홍행을 목적으로 이런 류의 예언들을

오역하거나 조작하여 대중들을 골탕을 먹인 것(Hoex)으로 판명되고 있습니다.

Warning: Don't watch this show alone.

An alien with no shape, no form and a deadly purpose has come to earth....

Tonight 2 FBI agents meet it head out.

경고!! 이 영화를 혼자보지 마시오! (협박?)

형체도 없고 모양도 없는 에어리언이 끔찍한 목적을 기지고 지구로 내려옵니다.

오늘밤, 2명의 FBI 요원들이 에어리언에 맞섭니다!!

http://www.fox.com/thexfiles/adbanner2.htm

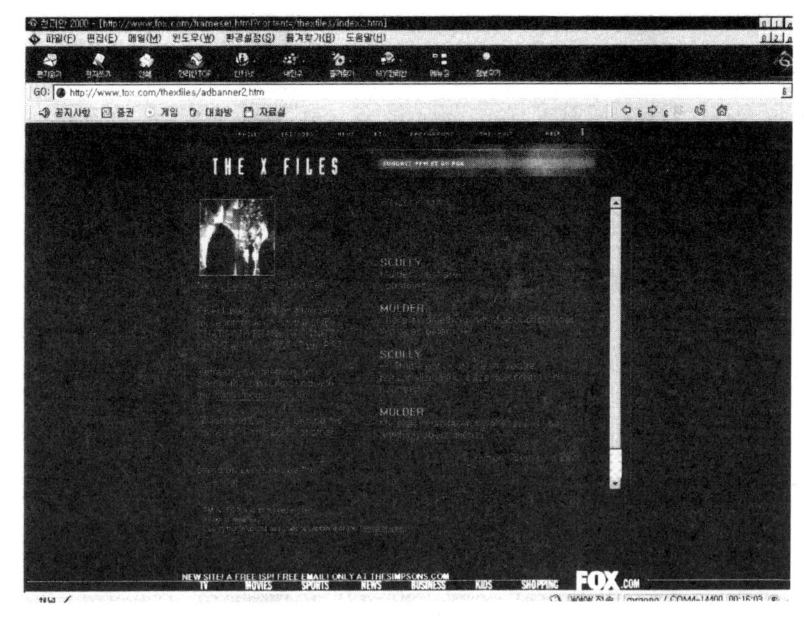

TV시리즈 X-FILE이 엄청난 인기를 모은 적이 있지요. 영화로도 개봉이 되었습니다만, 미스터리를 동경하는 사람들의 호기심이야말로 가장 큰 본능이 아닐까요?

밤하늘에 반짝반짝 빛나는(Glittering) 물체를 보면 혹시 저것이 UFO가 아닐까 하는 생각을 하기도 합니다. UFO는 Unidentified Flying Object 의 약자 (Abbreviation; 略字)로서 미확인비행물체 또는 비행접시라고 불립니다. 말 그대로 어디에서 왔는지 무엇인지 알 수가 없지요. 군사용어로도 잘 알려져 있습니다.

비행접시(Flying Saucer)의 유래를 이야기하자면 1947년 6월 24일 미국의 민간조종사 케네스 아놀드가 최초로 UFO를 목격한 후 다음날 오리건주의 펜들튼 시에서 <이스트 오리거니안>지와 기자회견을 함으로써 시작하였지요. 그는 이때 목격한 UFO를 마치 수면 위를 튀는 듯이 나는 커피잔(Saucer; 받침접시를 말하지요. 커피를 마실 때 받치는 접시, 비행접시가 이 접시를 포개놓은 것과 비슷하지 않나요?) 같다고 묘사하였고 그 자리에 있었던 신문기자 빌 베케트는 이를 근거로 하여 비행접시라는 신조어를 신문기사에 실었습니다. 그후 미 전역에서 비행접시는 UFO와 동의어로 널리 사용되고있습니다. 하지만 보고된 모든 UFO의 형태가 접시모양은 아니며 공모양이나 시가모양,구형,돔형등 그밖의 기하학 도형형태의 UFO들도 많이 목격되고 있습니다. Man In Black (검은옷을 입은 사람)이라고 하여 토미 리 존슨이 나오던 영화도 있었습니다. UFO에 관하여 연구하거나 관심 있는 사람에게 여러 가지 협박, 회유, 방해 등을 일삼는 범세계적인 조직의 사람들을 다룬 영화였는데 아주 그럴듯했습니다. 아마 UFO문제에 관하여 정보확산을 막고 극비사항으로 묶어두려는 Secret(비밀)기관이 존재하는 듯합니다. 미국은 한때 Project Blue Book이라는 계획을 실시한 적이 있는데 프로젝트 블루 북이라 불리는 이 극비 UFO조사 계획은 미 공군의 지휘아래 지난 1947년부터 시작하여 1969년까지 20년간 UFO를 조사됐습니다. 그들이 조사한 1만 2천여건 가운데 대부분은 천문 기상현상인 것으로 판정했지요. .그중 10%는 미확인으로 남아있어 UFO는 실재한다는 것으로 초기 프로젝트 사인계획에서 결론을 내렸습니다. 그러나 1969년 프로젝트 블루북의 최종 결론은 UFO가 외계에서 온다는 증거가 없다는 점과 과학적 지식을 제공하는 증거가 불충분하다는 이유로 존재가치를 일소에 부정하는 발표를 하였습니다.

그러나 많은 사람들은 아직도 이런 UFO에 ETI(ExtraTerestrial Intelligence) 즉 외계의 지적인 생명체들이 타고 있는지도 모른다고 믿고 있으며 과학자들은 혹시 있을지도 모를 외계의 지적 생명체에 관하여 접촉을 시도하려는 작업을 이미 진행중에 있습니다. 그중 보이저호에는 실려보낸 지구메시지를 담은 금속 레코드판이나 미국에서 SETI (역시 약자입니다. Search For Extraterrestrial Intelligence; 지구 밖 문명 탐사계획) 라고 하여 혹시도 있을지 모를 외계문명에 대하여 끊임없이 전파를 보내고 또 그들로부터 오는 전파를 분석하고 있습니다.

 또한 미스테리 서클 (MYSTERY CIRCLE)이라고 하여 들판 한가운데의 한 지점에 (SPOT) 점원형형태 또는 기학학적인 모양으로 농작물이 눌려져 있는 현상이 있다고 합니다. 특징을 보면 야간에 만들어고 짧은 시간 내에 만들어진다고 합니다. 날씨, 지형, 자연조건과는 무관하게 발생하며 원형자국 주위에 어떤 종류의 흔적도 남아있지 않고 어떤 것은 예술작품과 같은 완벽한 조형미를 보이고 있지요. 미스터리 서클의 발생가설 가운데는 외계의 메시지라는 설이 조심스럽게 대두되고있는데 이는 일부 UFO목격장소에서 서클의 출현이 함께 나타난다는 점입니다. 그러나 ENGLAND(영국)의 젊은이들이 야밤에 미스터리 서클을 만들다가 발각되는 사건이 얼마 전에 있었습니다. 아마 이런 부류의(?)사람들의 소행이 아닌가하는 설이 가장 유력시 되고있기는 하지만요.

미스터리와 UFO이야기를 하다보면 빼놓을 수 없는 게 버뮤다 삼각해역입니다. 미국의 플로리다해안과 푸에리토리코,버뮤다섬의 세곳을 이은 삼각형의 해역. 영화에 너무나 자주 등장하는 장소입니다. 대개 악당들은 모두 본부가 여기지요. 이 지역에서 수많은 비행기와 선박 등이 실종되어 마의 삼각해역으로 불려지고 있으며 그 원인으로서 UFO와 관련된 가설이 있지요. 또다른 가설로는 자연현상, 블랙홀,4차원 공간지대등 여러 가설들이 대두되고 있지만 완전한 해명을 못하고 있는 실정입니다.

이상 풀리지 않는 미스터리에 관한 이야기들을 다루어 보았습니다.

이러한 이야기들이 거짓이든 혹은 진실이든 첨단과학이 빛나는 21세기에 아직도 이런 이야기들이 오갈 수 있다는 그 자체만으로도 각박한 현실에 인생사는 재미와 흥밋거리를 제공해주는 고마운 존재라는 것은 인정하지 않을 수 없다고 생각합니다.

4) 스타크래프트와 플레이 스테이션

www.blizzard.com/starcraft

본 홈페이지는 블리자드사의 스타크래프트 홈페이지입니다만 이 게임이 가장 큰 열풍을 일으킨곳은 제조사가 있는 미국이 아니라 바로 한국에서 였습니다.

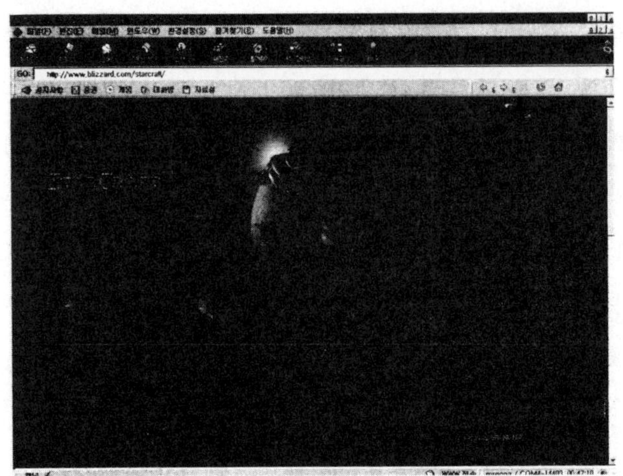

IMF를 맞아 기업체에서 퇴출 당하거나 한파를 맞은 많은 실업자들이 전국 곳곳에 PC 게임방을 차림으로써 인터넷 열풍에 가속도를 붙였고 바로 이 열풍의 원동력(motive power)은 스타크래프트에 있었습니다. 과거 인기를 모았던 워크래프트라는 게임의 후속편격인 이 게임은 우주에서 벌어지는 세 종족간의 싸움을 전략 시뮬레이션으로 제작해서 게이머들을 홍분의 도가니로 몰아갔습니다.

최근 여러 프로 게이머들이 등장하여 네트워크상의 프로게임대회를 석권하는 등 적어도 스타크래프트나 컴퓨터 게임에서는 한국이 세계최고를 달리고 있다고 해도 과언이 아닐듯합니다.

또한 게이머들도 바둑기사나 운동선수처럼 소속사에 소속되어 각종 대회에 참가하여 연봉을 받아내고 있는등 21세기의 새로운 분야로 각광받고 있기도 합니다만 수천 년간 률이 바뀌지 않은 바둑이나 장기와는 달리 셀수 없는 전혀 다른 종류의 각종 게임들이 속속 출시되고 있는 상황에서 과연 프로게이머들이 고수의 자리를 계속 지켜낼 수 있을지는 의문입니다.

entertainment 오락

recreation 기분 전환, 오락

amusement 즐거움, 재미

pastime 기분 전환, 유희

diversion 기분 전환(걱정 따위에서 마음을 돌려 기분을 푸는 일

relaxation 긴장을 풂

leisure 여가, 자유 시간

distraction 기분전환

www.playstation.com

컴퓨터 게임시장이 커가면서 상대적으로 기존 비디오 게임시장은 위협(menace)을 받게 되었는데 이에 일본의 전자회사인 소니사가 개발한 것이 플레이스테이션이라는 게임기입니다. 이 게임기는 게이머 (gamer) 가 게임중에 자신의 캐릭터의 부상등을 직접 느낄 수 있도록 게임콘트롤러에 진동기를 부착시켜 생동감을 더 함으로써 폭발적인 매출을 기록하게됩니다. 이에 소니는 과거 전자회사에서 지금은 게임기 업체로 대대적인 변신을 시도

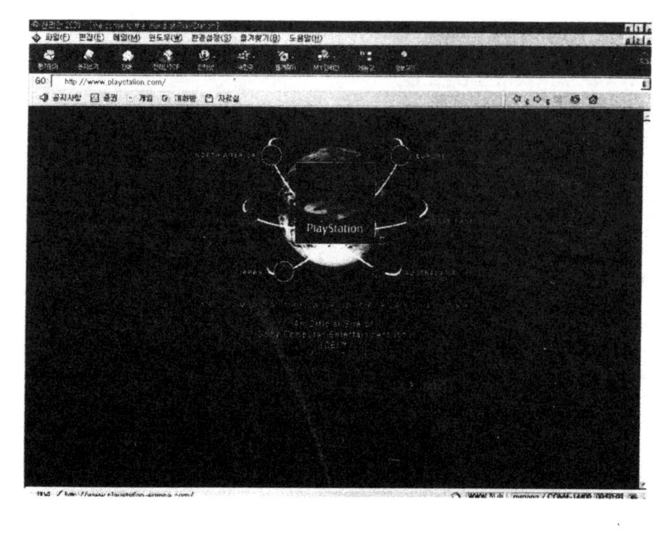

하고있고 여타 다른 업체들도 게임기 시장을 넘볼 정도로 큰 반향을 불러일으켰습니다.

최근 또다시 플레이스테이션2라는 후속품이 나와서 또다시 시장을 뜨겁게 달굴 전망입니다.

그러나 세계 최고의 소프트웨어 회사인 마이크로 소프트에서도 최근 게임기 시장 공략정책을 발표하고 새로운 게임기 개발에 착수하였다고 하므로 과연 누가 승자가 될지는 두고보아야 할 것 같습니다.

게임 추천 SITE.

EA 스포츠-www.easports.com/

ID 소프트웨어-www.idsoftware.com/

Myth-www.bungie.com/myth

NAMCO-www.namco.com

Need For Speed2-www.nfs2.com/

PC게임 매거진-www.pcgamesmag.com

South Park Playground-southpark.comedycentral.com/southpark/playground

격투 게임 정보-www.fighter-edge.com

네트워크 게임 SITE-www.engagegames.com

듀크누켐-www.stals.com/duke3d

드왕고-www.dwango.com

루카스 아츠-www.lucasarts.com

매킨토시 게임-www.tikkabik.com/mac_arcade.html

반다이 홈페이지-www.bandai.com

불프로그 온라인-www.bulfrog.co.uk

블레이드 러너-www.westwood.com/games/bladerunner

블루 바이트-www.bluebyte.com/

비디오 게임 클래식-www.davesclassic.com

세가-www.sega.com/

세가소프트-www.segasoft.com/space

세가소프트 온라인-www.heat.net

소니 플레이 스테이션-www.playstation.com/global.html

소프트맥스-www.softmax.com

심슨을 찾아라-www.tvguide.com/simpsons/game/#games

애플릿 아케이드-members.aol.com/shadows125/arcade.htm

오리진-www.origin.ea.com/

일레트로닉 아츠-www.ea.com/

자바 게임 모음-www.darkfish.com

자바로 브리지 게임을-allpolitics.com/campaignland

캡콤-www.capcom.com

패밀리 프로덕션-www.familyp.co.kr

닌텐도 게임 http://www.nintendo.com

3. 예술 / 종교

1) 인터넷속의 성지순례

2) 마이클 잭슨과 모차르트

3) 퇴마록과 세익스피어 미스테리

1) 인터넷속의 성지순례

21세기가 어느덧 성큼 다가오고 바야흐르 인류는 최첨단 사이버혁명의 회오리 속에서 힘겨운 싸움을 하고 있습니다. 최근 들어 인터넷이 실생활 속에 점차 자리잡아가며 필수과정이 되어가고 있지만 음란정보나 편협한 상업주의에 의해 오용되고 있는 실정입니다. 그러나 인터넷 속에서도 이러한 현상에 대응하여 많은 종교관련사이트들이 인간 본연의 진리를 위한 탐구에 앞장서고 있습니다.
그러나 많은 종교사이트중 대다수가 기독교관련 사이트라는 것은 어쩔 수 없는 듯합니다. 만약 동양에서 인터넷이 개발되었다면 유교나, 불교, 이슬람교 등이 훨씬 많았겠지만요.

기독교 사이트

Ghosen net

[http://goshen.net/]

그림의 사이트는 해외의 크리스천 검색엔진 및 디렉토리 서비스사이트로서 기독교 사이트를 체계적으로 잘 분류해 놓았을 뿐만 아니라, 각 사이트에 대한 설명도 비교적 상세하게 제공하고 있습니다.

검색기능 이외에도 성경공부, 교계 뉴스에 대한 다양한 정보를 제공하며 크리스천 게임, 학습툴, 성경 번역, 참고자료 등의 다양한 쉐어웨어를 무료로 제공합니다.

Religion Today [http://religiontoday.com]

종합 기독교 정보를 제공하는 Ghosen net의 기독교 뉴스 사이트로서 요약 정리된 최신 교계 뉴스와, 침례교 관련 출판물들의 정보를 모아서 볼 수 있고 또한 세계각국의 기독교 관련 최신 기사들을 볼 수 있습니다. 기독교 관련 주요 기사들을 한꺼번에 요약 정리해서 볼 수 있다는 점이 특징입니다.

Religion 종교
priest(기독교)성직자
clergy(집합적)성직자
minister목사
preacher설교자
missionary선교사
Pope로마교황
cardinal추기경
bishop주교
monk수도사
nun수녀

saint성자

theologian신학자

pilgrim순례자

church교회

temple사원,절

abbey수도원

cathedral대성당

mosque회교 사원

prayer기도

hymn찬송가

sermon설교

doctrine교리

dogma교리,신조

ritual의식,예식

theology신학

Scripture성서,경전

sect종파,교파

종교는 그야말로 인류에게 엄청난 영향을 주었습니다. 인류탄생에 대한 이야기부터 역사와 함께 이루어져 왔으니깐요. 2000년 초 로마 교황청이 마녀사냥이라든가 십가군 원정, 나치의 유대인학살에 대한 묵인등 과거에 교회가 지은 죄에관해서 밝히고 공개적으로 반성하고 회개하여 좋은 반응을 받기도 했습니다.

그러나 인터넷과 첨단과학이 판치는 시대에 과연 종교가 제역할을 할수 있을지는 의문입니다.

반면에 죽음과 두려움에 관한 공포와 감정, 영혼의 존재에 대한 의문등 인간의 내면적인 면을 들여다볼수 있는거은 종교뿐이기 때문에 역시 아무리 과학이 발달하고 시대가 흘러도 그 소임을 충분히 해내지 않을까 생각합니다.

pious 경건한

ghost 유령

soul 영혼

angel 천사

devil 악마

god 신

godlike 신성한

redeem 속죄하다

repent 회개하다

heaven 천국

hell 지옥

witch 마녀

religion 신에 대한 믿음,종교

religious 종교의

religionism 광신,사이비 신앙

consecrate 바치다,봉헌하다

consecration 헌신,봉헌

consecrative 봉헌의

sacrifice 희생하다

sacrificial 희생적인

devote (어떤 목적을) 위해 바치다

devoted 헌신적인

dedicate (신,신성한 목적에)바치다

dedicated 헌신적인

worship 예배하다,숭배하다

worshipful 숭배하는

worshiper 숭배자

respect (인격,인품)존경하다

idolize 우상화하다

revere 외경하다,공경하다

admire 찬양하다

adore 숭배하다

belief (진실.존재를)믿음

trust (직관적,본능적인)신뢰

confidence (경험이나 근거에 의한)신념

creed (종교상의)신조,교리 (일반적)신념,주의

faith (증거,근거에 입각하지 않은)신뢰,확신

www.buddhasvillage.com

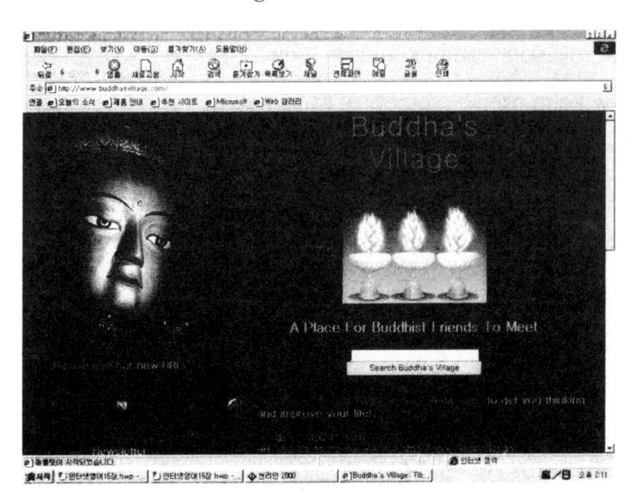

기독교 관련 사이트 말고도 인터넷에는 여타 종교의 홈페이지들이 많이 등장합니다. 대표적으로 최근 서구사회에서 붐이 일고 있는 불교의 경우 대부분 제작자들이 미주나 유럽인들이라는 점이 이점을 대변하고 있다고 할 수 있을 것입니다.

Buddhism 불교

Buddhist 불교도

Christianity 기독교

christian 기독교도

Hinduism 힌두교

Hindu 힌두교도

Islam 이슬람교

Muslim 이슬람교도

Judaism 유대교

Jew 유대인,유대교도

종교관련 추천 사이트

기독교 http://www.cresnet.org

도교 http://www.cnu.edu/~patrick/taoism.html

무신론 http://www.keith.com/~rkblack/za.html

불교 http://rbhatnagar.csm.uc.edu:8080/buddhist_info.html

성경의 여러 가지 주제에 대한 글

http://users.feldspar.com/~jmartin/jrmbible.html

유태교 http://shamash.nysernet.org/trb/judaism.html

이슬람교 http://www.wam.umd.edu/~ibrahim/

코란의 번역과 여러 가지 글

http://www.unn.ac.uk/~clv9/786/

힌두교 http://rbhatnagar.csm.uc.edu:8080/hindu_universe.html

2) 마이클 잭슨과 모차르트

www.mtv.com

누구누구의 작사 (word by Mr X), 누구누구의 작곡 (music by Mr X), 누구누구의 편곡(arranged by Mr X), 누구누구의 노래 (sung by Mr X)로 만들어진 수많은 곡들이 지금 인터넷에서 만들어져 대중들의 심판을 기다리고 있습니다. 요즘 인기 있는 조PD가 가장 성공적인 예라고 할 수 있겠지요.

사실 팝송으로 영어 공부하는 것은 잘 알려진 방법이긴 하지만 지금 인터넷에서는 MP3라는 혁명적인 디지털 음악파일로 인해 열병을 앓고 있습니다. MTV 같은 음악전문채널의 사이트에서도 이런 MP3파일을 쉽게 다운로드 받을 수 있습니다. 물론 음악이란 같은 악보 (Notation)로도 연주자(Perfomer)나 때로는 부르는 가수의 음색 (Tone Color), 높낮이 (Pitch)에 따라서 다른 맛을 느끼겠지만 요즈음 디지털로 전송되는 음악은 오리지널 그대로의 원곡을 만날 수 있는 것이 특징입니다.

사진 속의 마이클 잭슨은 거의 이쁜 남자수준의 용모이지만 사실 그는 전형적인 흑인에 곱슬머리(Curly Head)로 어릴 적부터 잭슨 파이브란

그룹으로 활동하다가 장성하여 빌리진, 드릴러등의 밀리언 셀러를 기록하며 지구촌의 팝황제로 자리잡은 인물입니다. 우리나라로 따지면 서태지쯤 되나? 사실 어디든지 신동이 있기 마련이지만 특히 음악이야말로 고금을 막론하고 신동 (an infant genius) 이 자주 출현하는 분야라고 할 수 있을 것 같습니다.

가장 대표적인 인물로 모차르트를 들 수 있습니다. 그는 1756년 1월 27일 오스트리아 찰스부르크에서 태어나서 1791년 12월에 사망한 위대한 음악가중에 한 사람입니다. 오스트리아의 작곡가이며 요제프 하이든과

더불어 18세기 빈 고전주의 악파의 대표적인 인물이며 오페라, 실내악, 교향곡, 피아노 협주곡 등에 걸쳐 많은 작품을 남겨 음악의 천재중 한 사람으로 너무도 유명합니다. 일찍이 아인슈타인은 "죽음이란 더 이상 모차르트의 음악을 들을 수 없다는 것을 말한다"라고 말했습니다.

그러나 천재 모차르트는 너무나도 일찍 단명(short-lived)하고 말았습니다. 아마데우스란 영화로도 유명한 이야기인데 그가 죽기 전 어떤 낯

선 사람이 찾아와<,진혼 미사곡>>K.626을 의뢰하였다고 합니다. 사실 그 사람의 배후에는 모차르트의 작품을 자신의 이름으로 발표하려는 의도에서 이 일을 꾸민 아마추어 음악가인 프란츠 폰 발제크 백작이 있었습니다. 모차르트는 이 작품을 완성하지 못했지만 그의 제자 프란츠 하비어 쥐스마이어는 구술을 통한 지시와 스케피를 바탕으로 이 작품을 완성하여 발제크에게 주었습니다. 1791년 늦가을 모차르트는 건강이 극도로 악화되었으며 독살되었다는 소문과 함께 갑자기 죽음을 맞이하였습니다.
(영화가 없는 말을 꾸미것은 아닌 듯 싶었습니다)
그런 불운한 인생을 살았던 또 한명의 음악가가 있는데 바로 루드비히 판 베토벤(Ludwig van Beethoven, 1770-827)입니다. 자신의 교향곡 제5번<운명>처럼 투쟁, 극복, 승리로 점철된 파란만장한 인생을 살았던 그는 위대한 음악가였지만 불행히도 귀머거리였지요. 로맹 롤랑은 "만약 신이 인류에게 저지른 범죄(Criminal)가 있다면 그것은 베토벤에게서 귀를 빼앗아 간 일이다!"라고 이야기하기도 했지요. 30세가 지나면서 귀가 들리지 않게 된 베토벤은 한때 자살을 할려고 생각도 했었지만 오히려 하나님이 자신에게 준 사명에 따라 음악창작에 몸을 바치리라 결심하고 이전보다도 더 왕성하게 작곡활동을 하였습니다. <이렇듯 성공은 역경(Adversity)을 헤치고 일어선 사람의 몫이라고 할수 있지요> 많은 사랑을 받고있는 <제5교향곡 (운명)>은 그의 불굴의 투지로 모든 고난을 극복하고자하는 그의 생각이 잘 표현되어 있습니다.
그러나 요즈음은 일반인들도 옛날처럼 보표 (Staff)나 음자리표 (Clef Sign), 높은음자리표 (Treble Clef), 낮은음자리표 (Bass Clef), 음계 (Scale), 쉼표 (Rest), 마디 (Measure)등의 음악적인 용어나 기법 등을 몰라도 컴퓨터의 힘을 빌어서 베토벤이나 모차르트에 버금가는 훌륭한 음악가가 되어 가수나 작곡자로 데뷔하는 사례도 생기고 있습니다.

perform연주하다

concert음악회

recital독주회

orchestra관현악단

opera오페라

symphony교향곡

concerto협주곡

compose작곡하다

composition작곡

note음표

bar마디

harmony화음

rhythm운율

score악보

bass낮은 음

soprano소프라노

classical고전주의의

conductor지휘자

accordion 아코디언

cello 첼로

flute 플루트

guitar기타

harmonica 하모니카

oboe 오보에

piano 피아노

tambourine 탬버린

triangle 트라이앵글

trumpet 트럼펫

viola 비올라

violin 바이올린

각종 앨범,MIDI,음악 프로그램,CD,책 등을 구할수 있는 Shop

http://www.musicsales.co.uk

각종 음악앨범의 커버와 샘플 음악을 들으면서 쇼핑할 수 있는 곳

http://soundwire.com/

뉴 에이지 음악 http://www.webcom.com/~cgould/newage.html

스위스 음악 http://www.access.ch/music.ch

아카펠라 음악 http://www.accel.com/pac/index.html

영국 최대의 뮤직SITE(IUMA Europe) http://iuma.southern.com/

오스트레일리아의 뮤직 차트

http://www.aussiemusic.com.au/amr/amrchart.html

오타와 페스티벌 http://infoweb.magi.com/~lsmith/chamber.htm

인기 가수의 뮤직 비디오

http://w3.eeb.ele.tue.nl/mpeg/movie/music/index.html

인디언 음악 http://hypatia.ucsc.edu:70/1/RELATED/Batish

INTERNET 언더그라운드 뮤직 http://www.iuma.com/

일레트로닉 댄스 뮤직 http://www.isisnet.com/spacelab/synthesis/wel.html

재즈 음악 http://www.hazzonln.com/JAZZ/

중국 음악 http://ifcss.org:8001/www/music.html

캐나다 음악 http://www.globalx.net/cims/index.html

컨트리 뮤직 http://ro.com/~bwalker

컴퓨터 음악,MIDI,디지털 소리에 관한 SITE에 연결할 수 있는 페이지

http://www-mitpress.mit.edu/Computer-Music-Journal/

콜롬비아사의 뮤직비디오 http://www.sony.com/Music/VideoStuff

클래식 음악 http://www.maths.ed.ac.uk/classical/

클래식 음악에 대한 감상과 비평

http://www.ncsa.uiuc.edu/SDG/People/marco/music-reviews.html

테크노 뮤직 http://www.ccs.neu.edu/home/thigpen/html/music.html

페르시아 음악 http://www.kereshmeh.com

홍콩과 일본의 뮤직 스타

http://www.ugrad.cs.ubc.ca/spider/v9f192/HKBridge/hkb95i.html

COLLEGE 500-www.c500.com

IMUSIC-www.iMusic.com

JAM TV-www.jamtv.com

SONGS OF THE SEASON(크리스마스 관련 노래)

-www.night.net/christmas/songs12.html-ssi

레오나드 번스타인-www.leonardbemstein.com

롤링 스톤즈-www.the-rolling-stones.com

마이클 잭슨-fred.net/mjj

메일링 리스트 목록-server.berkeley.edu/~ayukawa/lomml.html

뮤지션 리소스-www.musician.com

뮤지션을 위한 웹 SITE-www.futurenet.com/musiciansnet/default.asp

뮤직 차트 공격-www.chartnet.com

애프터 미드나잇-www.aftermidnite.com

언더그라운드 음악-www.altbuyguide.com

언더그라운드 펑크 그룹-www.straight-dege.com

엘비스 프레슬리 SITE-www.elvis-presley.com/

쥬크 박스 프롬 헬-sd.znet.com/~bydesign/coltrane.john

택시 홈페이지-www.taxi.com

테이프 트레이드(오디오 테이프 상점)-tapetracker.com/traderindex

펑크기타를 치는 요령-www.angelfire.com/pages0/guitpage

폴 매카트니의 스탠딩 스톤 97-www.standingstone97.com

폴매카트니 홈페이지-rgo.simplenet.com/macca

피아노 가이드-www.tiac.net/users/pianos

핑크플로이드 홈페이지

-www.chelmsford.com/home/aharm/woodsotm.html

하우스 오브 블루스-hob.com

3) 퇴마록과 셰익스피어 미스터리

인터넷이 들어서면서 가장 타격을 받은 분야가 바로 문학이라는 이야기가 있습니다. 상거래나 미디어등 여타 분야에 비하여 출판문학이라고 할 수 있는 순수문학분야는 안그래도 갈수록 그 입지가 좁아지고 있는 가운데 사이버 영상문화가 자리잡아가면서 가상소설 등에 자리를 내주고 았는 실정입니다.

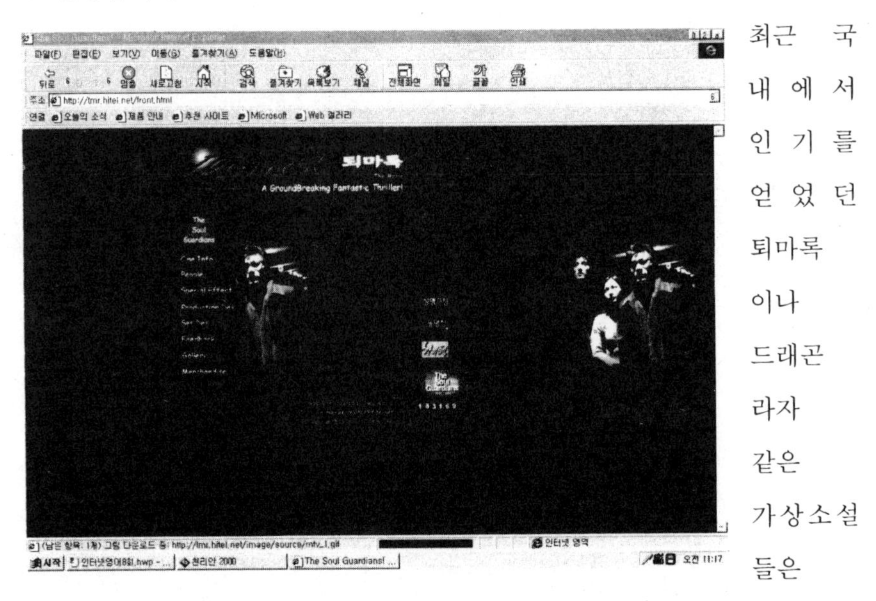

최근 국내에서 인기를 얻었던 퇴마록이나 드래곤라자 같은 가상소설들은 젊은 세대만의 환상의 세계라든가 개성있는 등장인물 (Character)과 주인공 (Major Character)이 등장하여 과거의 소설처럼 제시부 (Exposition)를 거쳐서 고조 (Rising Action)에 이르고 대단원 (Denouement)으로 끝나는 평범한 구성 (Plot)이 아니라 여러 가지 고대의 신화 (Myth)등을 융합하여 새로운 장르를 창조해 낸 것입니다.

그럼에도 불구하고 아직까지 풍자 (Satire)와 우화 (Fable), 비유 (Parable)가 있는 서사시 (Epic), 운율 (Meter)과 운 (韻:Rhyme)을 느낄 수 있는 서정시 (Lyric Poem), 독백 (Monologue)같은 자유시 (Free Verse), 고전 소설류 등이 많은 사람에게 사랑을 받고 있으며 세월이 흘러도 이러한 순수문학에 관한 사람들의 사랑은 변하지 않을것이란것이 일반적인 예측입니다. 이런 것들을 가능하게 해주는 옛날의 여러 대문호들을 인터넷에서 만날 수 있는데요,

"세익스피어는 인도와도 바꿀 수 없다"라는 유명한 말이 있듯이 대문호 세익스피어도 인터넷에서 하나의 자리 매김을 하고 있습니다.

우리가 배우는 영어의 본고장 영국에서는 (비록 미국식 영어에 밀려서 제대로 대접을 받지는 못하지만) 문학(Literature) 을 이야기할 때 빼놓을 수 없는 사람이 바로 이 세익스피어입니다. 4대비극으로도 잘알려 져 있지만 여기서는 그에 관한 새로운 사이트를 소개하면서 다같이 영어를 배워볼려고 합니다. 뭐 전 원래 영어 원서를 읽을 때 꼭 세익스피어처럼 문학작품을 고집하진 않습니다. 이언플래밍의 007시리즈나 톰클랜시, 시드니셀던의 소설도 많이 읽지요. 영어원서를 일는 것이 처음엔 부담이 되시겠지만 모르는 단어는 건너뛰면서 자주 나오는 단어는 사전도 찾아가면서 편하게 읽다보면은 어느새 자신도 모르게 늘어나는 영어실력을 확인할수 있습니다.

세익스피어는 르네상스 (Renaissance) 시대 사람으로 이른바 "현대영어

기"에 속한 영어를 사용하였습니다. 우리가 공부하고 있는 영어는 1500-1600년대에 르네상스의 물결 속에 많은 라틴어와 희랍어를 도입하였습니다. 오늘날 영어 어휘의 절반은 라틴어와 불어 등에서 온 단어들이 많은 것도 이 때문이지요. 뭐 ANTI-니 OMNI-니 -ABLE이니 하는 접두사 접미사가 붙는 배경도 우리나랏말에서 한자가 차지하는 비율을 보면 알수 있듯이 영어에서도 동일합니다. 1500년 이후를 현대 영어(Modern English)라고 부르는데, 셰익스피어의 영어는 바로 이 현대 영어기에 속하는 것입니다. 그 시대에 가장 많은 어휘를 구사한 사람중의 한사람으로 잘 알려져 있는데, 그가 쓴 단어의 수는 25,000어 정도라고 합니다. 그 가운데는 외래어도 많이 등장하지만, 그는 이들을 부드러운 구어 속에 담아 영어답게 만들었 다. 그는 자신의 풍부한 어휘 실력을 과감히 동원함과 동시에 다양한 원천(source)의 단어들을 활용했습니다. 그는 해학적이고 난해한 단어(inkhorn terms)를 멸시하였지만, 또 영어의 순수주의자는 아니었지요. 셰익스피어(1564-1616)의 글과 발음은 현대영어와 매우 유사하나 당시의 영어는 철자나 발음 그리고 품사의 구별에 있어서 일정한 규범이 없던 시대였습니다. 발음이 제각기 철자법도 제각기 똑같은 단어도 제각기 표기했지요.

근래 인터넷상에 셰익스피어에 대한 새로운 논란을 제시하고 있는데 다름 아닌 셰익스피어가 과연 실존인물이었느냐는 사실에 대해서입니다. 지금도 셰익스피어의 창작물로 알려진 작품문학작품(Work of literature)들이 스트라트포드에서 탄생한 셰익스피어가 아닌 다른 저자 (Author)가 있다는 설이 일부 비평가 (Critic)들에 의해 대두되어 논란을 일으키고 있지요. 이런 설은 셰익스피어 개인 의 천재성을 아무리 인정한다 해도 그런 거작을 그 기간 동안에 연속 창작할 만한 재능을 닦은 수학 경력을 셰익스피어의 생애에서 찾아볼 수 없다는 데서 비롯된다. 그의 방황기에 보인 질낮은 행위 등으로 봐서 도저히 그런 차원 높은 주제(Theme)와 작가의 인생관 (Writer's outlook on life)이 담긴 걸작들을 낼 수 없었을 것이라는 가정 하에 여러 가지 반증을 제시합니다.
스트라트포드 출신의 셰익스피어가 아니라는 주장을 펴는 이들을 묶어 앤티스트라트포디이언(Anti-Stratfordian)이라 하는데, 이들이 내세 우 는 제3의 인물도 제각기 구구하여 30여명이나 거명됩니다.
그중에서 크게 프란시스 베이컨(Francis Bacon) 설, 옥스포드 백작(Earl of Oxford) 설, 크리스토퍼 말로우(Christopher Marlowe)설, 엘리자베스 여왕의 숨겨진 사생아설등에 관한 여러 가지 민화 (FOLK TALE = 대중 속에 전해 내려오는 이야기를 말하지요) 등이 있지요 베이컨 설은 셰익스피어의 동시대인으로서 최고지성인이었던 베이컨 정도 의 통찰력이 없이는 그런 대작을 창작할 수 없다는 가정에다 베이컨의 저술이 셰익스피어의 글과 유사한 점이 많다는 근거에 바탕을 둡니다. 엘리자베스 여왕 사생아 설은 엘리자베스 여왕의 숨 겨 진 사생아가 때로는 프란시스 베이컨, 때로는 윌리엄 셰익스피어라는 필명으로 글을 썼다는데, [햄릿]을 쓴 것도 엘리자베스 여왕이 불륜으로 자신을 낳은 데 대한 힐책의 행위라는 등의 근거에 의해서이지요. 그러나 이런 설들이 모두 셰익스피어의 사후 200년이 지난 19세기에 고개를 들기 시 작 하여 지금까지 많은 의문을 남겨주는 이야기입니다

문학관련 추천 Site

BOLD TYPE(문학지)-www.boldtype.com

Cyrano Server-www.nando.net/toys/cyrano.html

Denizine(무명 자가들의 작품)-www.denizine.com

ENTELECHY(많은 작가들이 쓴 시 · 소설 · 컬럼)-www.entelechy.org

Hg Wells의 문학세계(공상 과학소설)

-www.literature.org/Works/H-G-Wells

T.S 엘리옷의 시 세계

-crock.cacs.usl.edu/Departments/English/authors/eliot

THE LAST BEST THING-www.sjmercury.com/lastbest

Tongue-ocaxp1.cc.oberlin.edu/~mlebovit

TYPO MAGAZINE(겸손한 내용의 글들)-home.earthlink.net/~typo

깊은 사고-www.hooked.net/~davew/bin/deepthoughts

낭만주의 여성-www.cwrl.texas.edu/~worp

내가 누구인가를 알지-www.smartypantsmag.com/smartypants

내셔널 인콰이어러 온라인-www.nationalenquirer.com

뉴욕 매거진-www.newyorkmag.com

뉴욕 타임즈 도서 리뷰-www.nytimes.com/books

다락원-www.darakwon.co.kr/

더글러스 러시코프(작가)-www.levity.com/rushkoff/index.html

도로시 파커-www.users.interport.net/~lynda/dorothy.html

레트로 잡지-www.retroactive.com

루시니아 메이의 슬픈 이야기

-xroads.virginia.edu/~hyper/alcott/lwhp.html

민스 매거진-www.minxmag.com

밤비-www.geocities.com/bourbonstreet/1056/bambi.html

부사를 살리자-www.cs.wisc.edu/~dgarrett/adverb

브리태니커 노벨상 가이드-winter.eb.com

블렌더 웹-www.blender.com

빌리지 보이스-www.villagevoice.com

세익스피어의 저주스런 문장-bvsd.k12.co.us/~tstone/curse.html

심금을 울리는 소설들-www.theromancereader.com

아름다운 소리가 가득찬 페이지-www.gspto.co.uk

여성 가정 저널-www.lhj.com

여성 작가 관련 페이지

-www.cs.cmu.edu/Pelple/mmbt/women/celebration.html

웹 마스터와의 인터뷰-www.zinebook.com

윌리엄 버러프의 문학-www.hyperreal.com/wsb

유즈넷에서 보는 시-www.clark.net/pub/rolf/mmf/haiku.html

INTERNET 용어 사전-www.netlingo.com

작은 마을의 훈훈한 이야기를-www.mindspring.com/~stone/stone.html

제임스 본드의 문학-www.mcs.net/~klast/www/literary.html

책의 첫 문장-pc159.lns.cornell.edu/firsts

캐시 에이커의 작품 '나쁜 소녀'-acker.thehub.com.au/acker2.html

반즈앤노블-www.barnesandnoble.com

아마존-www.amazon.com

4. 뉴스 / 미디어

1) Zipper Gate와 뉴스그룹

종이 없는 신문으로서 Internet은 매스미디어에서만큼은 큰 혁명을 일으켰습니다. 신문이나 잡지 등을 보기 위해 돈을 지불하고 직접 구입하는 불편 없이 바로 인터넷에서 원하는 홈페이지에 접속하여서 정보를 볼 수가 있습니다.

이 Site는 미국뉴스의 대명사 CNN의 초기화면입니다.

www.cnn.com

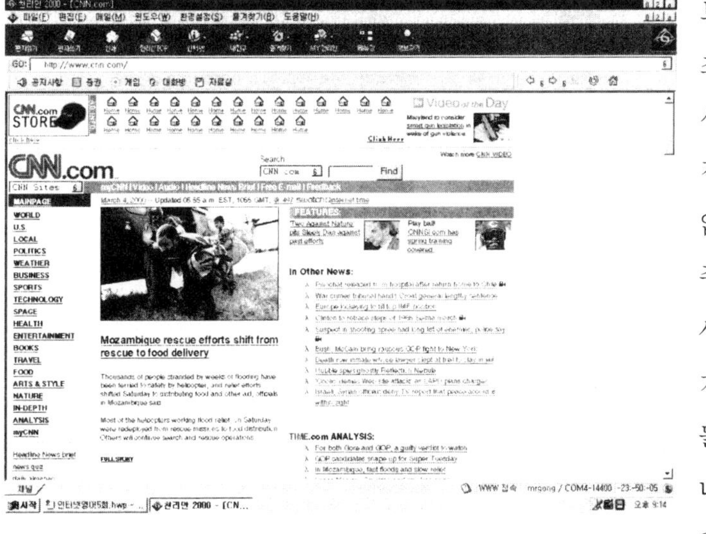

보시는 대로 초기화면에서는 별로 긴 장문은 없고 그냥 주제별로 기사를 검색하기 좋게 만들어 놓았습니다. CNN을 Internet으로 접할 수 있다는 것 자체가 그 활용(Application)정도에 따라서 큰 가치가 바뀔 수 있습니다.

CNN Interactive Web Site는 3000명의 취재원들이 하루 30-40회씩 새로운 뉴스를 업데이트하고 있기 때문에 세계의 흐름과 정보를 그 무슨 뉴스프로그램보다도 빨리 정확하게 파악할 수 있는 양질의 SITE입니다. 이런 CNN외에도 많은 웹사이트들이 최신 뉴스를 제공하고 있어서 손쉽게 검색하실 수 있습니다.

advertise 광고하다

article 기사

caption 사진 설명 글귀

caricature 풍자만화

censorship 언론검열

circulation 발행부수

classfied ads 항목별 소광고

columist 특별난 집필자

comic strip 연재만화

crossword puzzle 십자말풀이

daily (newspaper) 일간지

edit 편집하다

headline 표제

journalist 신문잡지기자

news conference/ press conference 기자회견

obituary 부음

pin-up 벽에 장식하는 인기 있는 미인 등의 사진

poll 여론조사

public opinion 여론

publish 출판하다

section 신문의 난

subscribe to -을 구독하다

supplement 증보판

tabloid newspa.per 타블로이드판, 일반신문 크기의 반 정도의 신문으로 주로 가볍고 인기있는 소식을 다룬다

the press 출판,언론

morning/evening paper 조/석간 신문

special-interest newspaper 전문지

extremist 극단론자,과격론자

scheme 계획, 책략

confirm 증명하다, 확증하다

영자신문의 정치칼럼을 볼 때면 웬 그리 어려운 기관이며 용어가 많이 나오는지 사전 찾기 민망할 경우도 있습니다. 그러면 정치 단체 및 여러 기관명, 직책명등도 알아보도록 하겠습니다.

Congress 국회

the Senate 미국 상원

the House of Representatives 미국 하원

bill/measure 법안

chairperson/chairman 의장

city council 시의회

enact a law 법률을 제정하다

executive committee 집행 위원회

Fifth Amendment 미국 헌법수정 제 5조 (자신에게 불리한 증언을 거부하는 묵비권 등을 인정하는 조항)

legislation 입법

off-the-record conference 비공식회의

package bill 일괄법안

proposal 제안,안

recess 휴정하다

resolution 경의안

standing committee 상임 위원회

steering committee 운영 위원회

subcommittee 분과 위원회

election 선거

voter 선거권자

candidate 후보자

Administrative Branch 행정부

the President 대통령

prime minister 수상.국무총리

Minister of Foreign Affairs 외무장관

Secretary of State 국무장관

Attorney General 법무장관

Surgeon General 공중 위생국 장관

bureaucrat 관료

cabinet 내각

Chief Executive 대통령,정부의 수반

diplomat 외교관

launch a project 계획을 수립하다

local autonomy 지방자치

summit meeting 정상회담

reshuffle / shake-up 개각, 내각의 인물교체

Judiciary Branch 사법부

그림은 지구촌에 뜨거운(?)화제를 일으켰던 클린턴부부와 르윈스키의 사진입니다.

옛날 워터게이트 사건을 빗대어 일명 ZIPPER GATE라는 이름으로 불렸는데. 스타 특별검사는 이 사건을 조사하여 매우 적나라한 보고서를 발표해서 세간의 이목을 집중시키기도 했습니다. 클린턴이 당시 백악관의 인턴사원으로 근무하던 여직원 르윈스키와의 adultery(간통)에 의해

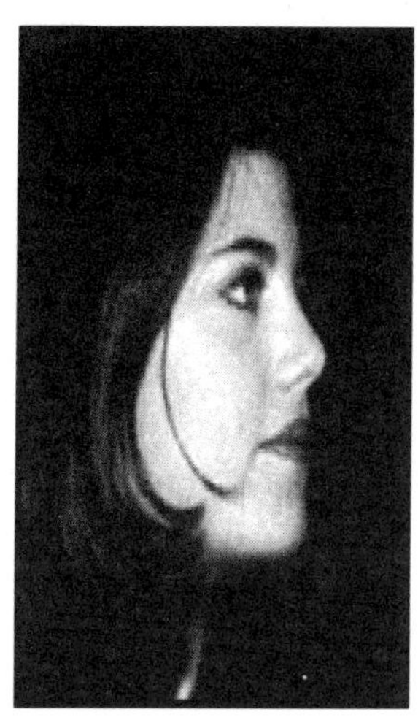

Lawsuit (소송) 에 휘말려서 Deposition (파면, 폐위 한마디로 쫓겨난다는 뜻이지요.)의 위기에 몰렸었지요. 스타검사는 Subpoena (소환장입니다)까지 발행하며 르윈스키의 Allegation (진술, 주장, 변증)이 담긴 진술서를 받아내서 결국 진실을 Tsetification (증명) 하게 됩니다. 이때 클린턴이 자신을 변론하면서 르윈스키와 자신의 관계를 Not Appropriate (부적절한) 라고 표현해서 사람들의 실소를 자아내기도 했습니다. 그러나 성공적인 Economic Guideline (경제정책)에 의한 경제 호황의 덕분으로 클린턴을 Retirement(퇴직) 시키려던 스타검사의 노력은 물거품이 되고 말았습니다만.

이런 기사는 법적인 용어들이 많이 나오기 때문에 일반인에게는 생소할 수도 있으나 역시 영어공부를 위해서는 피할 수 없는 부분이기도 합니다.

judicial branch 사법부

prosecution 기소,소추,검찰당국

the Supreme Court 대법원

high court 고등 법원

district court 지방 법원

the constitution 헌법

Bar Association 변호사 협회

Chief Justice 재판장.법원장

Department of Justice 법무부

enforce a law 법을 집행하다

authority 권위,권한

authorize 권한을 주다

authoritative 권위 있는

convention 정치.종교의 대표자 회의

govern 다스리다

governor 주지사.통치자

nominate 지명하다

nomination 지명

nominator 지명자

support 지지하다

advocate 옹호(주장)하다

agree (제의에)동의하다

assent 동의하다

approve 찬성하다

decide 결정하다

determine 결정하다

conclude 결론짓다

또하나 인터넷 뉴스검색에서 빠질 수 없는 것이 바로 [뉴스그룹]입니다. 자신의 컴퓨터에서 아웃룩 익스프레스나 기타 뉴스그룹검색 프로그램을 통하면 다양한 인터넷상의 뉴스그룹들을 만날 수 있습니다.

마치 국내 PC통신상의 동호회처럼 많은 네티즌들이 뉴스그룹상에서 활동을 하고 있습니다.

처음 뉴스그룹을 접할 때에 많은 토론그룹들의 영문이름을 보고 과연 어

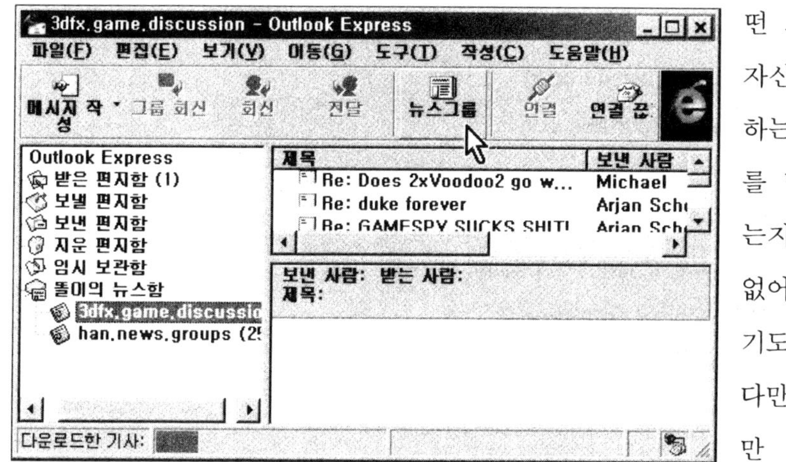

떤 그룹이 자신이 원하는 정보를 담고있는지 알수 없어 헤매기도 합니다만 이름만 보고 주제를 알아맞히는 방법을 소개해드리자면 alt: 잡다한 것을 다루는 토론그룹, comp: 컴퓨터에 관한 것을 다루는 토론그룹, biz: 비즈니스에 대한 토론그룹, bionet: 생물학에 관한 토론그룹, han: 한글을 사용한 토론그룹, news: 토론그룹(뉴스그룹)자체를 논의하는 토론그룹, misc: 특정한 주제가 없는 토론그룹, rec: 영화, 음악, 취미등에 대한 토론그룹, sci: 과학을 주제로한 토론그룹, soc: 사회과학을 주제로한 토론그룹, talk: 토론을 주제로 하는 그룹 등으로 나눌 있으며 이는 대표적인 것을 알려드린것으로 실제로 접속해 보면 훨씬 다양한 형태로 존재합니다.

유즈넷의 전체주소를 예로 들자면 han.rec.movie은 한글로 되어있으면서 영화를 취미로 하는 뉴스그룹을 말하며 alt.airline.schedule은 비행에 대한 계획을 토론하는 뉴스그룹, comp.database.infomix는 컴퓨터분야중 infomix라는 데이터베이스를 다루는 그룹으로 풀이할 수 있습니다. 만약 한글로 된 뉴스그룹을 찾기 위해서는 han으로 시작하는 뉴스그룹을 검색해서 가입을 하면 됩니다. 보통 일반인들은 웹상의 화면에만 치중하고 이 뉴스그룹은 등한시하기 쉬운데 의외로 알짜정보가 많이 포함되어 있으므로 꼭 알아야할 사항이라고 하겠습니다.

이 란은 뉴스나 방송관련 추천사이트를 수록했습니다.

Biz TV-www.biz-tv.co.kr

CFTR-www.680news.com

CILQ-www.q107.com

CIRNET-cirnet.com

CKRY-www.Country105.com

CNNFN-cnnfn.com/fnonair

CNN-www.cnn.com

CRUX-crux.marion.org

GoGaGa-www.gogaga.com

GRIT-www.grit.net

IIC TV-www.iictv.co.kr/default.html

M2 쓰테이션-www.m2station.com

MSNBC-www.msnbc.com

NBC-www.nbc:com

On-Air.com-www.on-air.com

Qnet-www.qnet.co.kr

The DJ-www.thedj.com

URadio-www.URadio.com

WGR-www.wgr55.buffalo.net

What miles is watching on TV-www.csua.berkeley.e여/~milesm/ontv.html

WMDT 채널 47-www.wmdt.com/skycam

WOAI-www.woai.com

WOR-www.wor710.com

WRLT 100.1 내시빌-wrlt.com

WRRK-www.rrk.com

WSB-www.accessatlanta.com/wsbtv/live1.htm

WTVT-www.wtvt.com/airsig.htm

WUFM-radiou.com

XHRM-www.theflash.com

XTRA-www.xtrasports.com

나브랑-www.navrangradio.com

나인포유-www.nine4u.com

넷라디오-www.netradio.net

넷라디오 덴마크-www.dk-online.dk/radio

넷믹스-www.netmix.com

노스캐롤라이나 뉴스 네트워크-www.capitolnet.com/ncnn

메트로 브로드캐스트 홍콩-www.metroradio.com.hk

바운드-www.bound.co.kr

스테이션 2000-www.station2000.com

스포츠 바이라인 USA-www.sportsbyline.com

어번 네트워크-www.aunetwork.com

오디오넷 라이도 스테이션-www.radio.audionet.com/radio/index.html

올게임 네트워크-www.allgames.com

위켄드 러시-www.weekend-rush.demon.co.uk

인터페이스-www.pirate-radio.co.uk

케이엠 스테이션-www.kmstation.com

폭스뉴스-www.foxnews.com

2) 인터넷TV

http://www.net-innovations.nzl.com/main.html

그림은 인터넷 TV에 관한 내용을 다룬 internet innovations (인터넷의 혁명들)이라는 웹사이트 입니다.

20세기에 들어서서 가장 큰 변혁은 텔레비전이었다는 이야기가 있듯이 21세기에는 인터넷이 그 역할을 하게될 것이라는 것에 대해서는 아무도 이의를 제기하지 못할 것입니다.

그 중에서도 특히 문서중심의 단순한 화면에서 최근 멀티미디어를 이용한 홈페이지가 등장하였고 더 나아가서 인터넷 방송이란 매체가 등장하였는데 이는 과거 TV와 인터넷의 결합을 의미하며 일반통행의 미디어가 아닌 쌍방향의 소통이 가능한 혁명을 가져다 올 것 같습니다.

이러한 인터넷 방송이란 지상으로 연결된 전화선이나 광통신 케이블을 이용해 인터넷 표준문서 형식인 HTML형식의 웹데이터를 전송하는 것을 말하며 그 개념에 보다 정확하게 접근하기 위해서는 리얼비디오와 같은 <스트리밍 비디오기술>을 이용해 동영상 서비스를 제공하는 것인지 아니면, 기존 TV의 기능 확장을 통해 인터넷 서비스를 부가서비스 형태로 받을 수 있도록 하는 것인지를 구분해야 할것입니다.
우리가 흔히 인터넷 방송이라고 부르는 것은 『스트리밍 비디오(Streaming video)』 기술을 이용해 PC상에서 동영상을 시청하는 것입니다.
우리 나라의 경우 96년말부터 각 방송사는 주요프로그램을 인터넷에서 동영상재생전용 소프트웨어를 이용해 실시간 생중계를 하고 있고 97년 3월부터는 TV프로그램 화면과 HTML을 동시에 송출하여 PC상에서 구현하는 데이터부가서비스를 제공하고 있는데, 아직은 제공하는 내용이 한정되어 뉴스와 일부 인기 있는 드라마에 한해서만 실시하고 있지만 조만간 확대될 것으로 보인다
인터넷 방송의 핵심기술으로써 실시간으로 대용량의 정보를 PC로 전송함과 동시에 동영상을 시청할 수 있도록 처리해주는 이 『스트리밍 비디오』 기술은 아직 기술적인 여건으로 TV와 같은 부드러운 영상을 제공하지는 못하나 양방향성 대화가 가능하다는 점에서 새로운 의미를 지닌 매체라 할 수 있습니다.
또한 한편 인터캐스팅(Intercasting)이라고 하여 기본적으로는 공중파나 케이블, 위성수신을 통해 PC에서 TV의 기능을 갖추면서 동시에 방송국에서 디지털 신호로 보내는 각종 부가서비스를 받을 수 있는 인터넷 방송기술(Intercast)이 있는데 95년 미국의 인텔사가 처음으로 개발하여 현재 실용화 단계에 와 있습니다.
마지막으로 웹 브로드캐스팅(Web Broadcasting, Web casting)을 들수 있는데 Web Broadcasting은 기존의 TV에 셋톱박스를 설치하거나 별도의 웹TV를 통해 웹 브로드케스팅을 시청하면서 인터넷에서 정보를 검색할 수있도록 고안된 것으로 인터넷 방송을 위한 것이라기 보다는 HTML (Hyper Text Markup Language: 인터넷에서 멀티미디어의 화면을 표현하기 위한 언어)을 가정의 TV를 통해 브라우징(browsing)할 수 있도록

구현하는 시스템입니다.

WebTV는 모뎀까지 지원하는 것은 아니고 케이블을 통해 웹서비스를 하는 일종의 비디오온디맨드(VOD)로서 PC와 TV가 병합됐다기보다는 문자다중**방송과 같이** 인터넷이라는 뉴미디어 정보제공기능을 TV화면상에서 **접목한 것이라고** 볼 수 있습니다.

그리고 컴퓨터처럼 키보드가 **따로 없기 때**문에, URL 등 문자입력은 화면에 나타나는 가상 키보드(Virtual screen key board)에서 수행해야 한다.

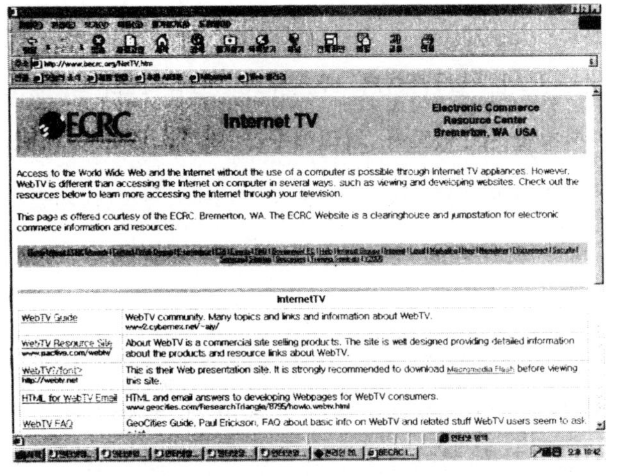

http://www.becrc.org/NetTV.htm 이 홈페이지도 인터넷TV에 관한 사이트로서 컴퓨터를 사용하지 않고 인터넷에 접속하는 것(Access to the Internet without the use of a computer)이 인터넷 TV장비를 통하여(through Internet TV appliances) 가능하다는 내용을 담고 있습니다.

앞에서 언급한 인터캐스닝의 예라고 할수 있지요.

인터넷 방송이 수용자의 매체이용경향에 미치는 영향에 대한 평가는 간접적으로 정보규범지수(Information Imperative Index)나 인터넷 사용실적·내용정도로 파악할 수 있습니다. 실제로 인터넷이 우리생활에 어느 정도 영향을 미치고 있는지를 분석해 보려면 '네티즌'이라고 불리는 컴퓨터 사용자(Computer user)계층에 대한 분석이 가장 타당할 것입니다.

기존의 미디어는 다양성과 대화성(Interactive), 개인성(persnal)등을 포함한 사용자 중심의 조작성(human interface)에 한계가 있었으나 디지털 미디어의 등장으로 점차 그 벽이 허물어지고 있으니깐요. 인터넷 미디어는 가까운 미래에 기존의 TV에 강력한 경쟁자로 부상하게될 가능성이 크며 「미디어는 미디어 그 자체의 내용을 결정한다」는 맥루한의 지적처럼 인터넷 미디어가 갖고있는 특징을 살려 독자적인 방송 영역을 구축하게될 것이다.

TV set Tv수상기

transmitter 송신기

broadcast 방송하다

cable network 유선텔레비젼 방송망

commercial (break) 광고방송

correspondent 특파원

documentary 기록영화

host 사회자

on the air 방송 중

off the air 방송이 중단되어

remote control 리모컨

report 보도하다

satellite dish 인공위성방송 수신기

sitcom 텔레비젼 단막 코메디

soap opera 일일연속극

story 보도기사

variety shows 노래,춤,곡예 등을 계속하여 보여주는 쇼

cartoon 만화 영화

talk show 유명인과의 대담 프로그램

sports event 스포츠 중계

educational program 교육 프로그램

live 생방송의, 현장중계의

CCTV 폐쇄회로 TV

인터넷 TV사이트들

M2STATION	http://www.m2station.com
BillboardLive	http://www.bilbordlive.com
C-Net	http://www.cnet.com/Content/Tv/Tvcom/Webcast
CBS	http://www.cbs.com/lateshow
CNN Interactive	http://www.cnn.com
Disney	http://www.disney.com
ESPN	http://www.espnet.sportszone.com
Eurocinema	http://www.eurocinema.com
First-TV	http://www.firsttv.com
Hollywood Online	http://www.hollywood.com
LiveConcert	http://www.liveconcerts.com
NBC	http://www.nbc.com/live
Web Active	http://www.webactive.com

5. 컴퓨터 / 인터넷

1) 컴퓨터에 쓰이는 영어/용어

2) 인터넷이란?

3) A STORY OF HACKING

4) 사이버인간

1) 컴퓨터에 쓰이는 영어/용어

키보드의 기호들

요즈음 인터넷에 대하여 TV며 라디오며 여기저기서 떠들어 대고 있지만 정작 우리는 작은 부분에서 기분적인 것부터 놓치고 있는지 모릅니다. 대표적인 예로서 흔히들 전자우편 주소를 이야기할 때 @을 읽을 때 골뱅이라고 하시는 분이 많습니다만 사실은 at을 나타내는 at표시(sign)입니다. 스트러들 (strudel)이라고 부르기도 하고 단가를 나타낸다는 의미로 account라는 뜻도 가지고 있습니다. 이외에도 키보드상의 여러 문자들을 간단히 소개하자면 !는 느낌표(exclamation mark)로서 bang, shriek 라고 읽히며 %는 퍼센트, ^는 모자(Hat), &는 and를 나타내는 앰퍼샌트(ampersand), *는 애스터리스크(asterisk), -는 하이픈(hyphen), _는 언더라인(underline), =는 같다는 의미의 equal, 쉼표 ,는 컴마(comma), 마침표 .는 도트(dot), /는 슬래시, \는 백슬래시라고 하며 개인용 이메일 주소에 첨가되는 ~는 틸드(tilde)또는 웨이브(wave), '는 쿼트(quote), '는 백쿼트(back quote)라고 부릅니다. #는 샵(Sharp), $는 달러표시로 이해하시면 됩니다.

이밖에 컴퓨터관련 용어들을 살펴보면

CPU (Central Processing Unit)중앙 처리 장치

RAM (Random Access Memory)주기억 장치

CD-ROM (Compact Disc Read-Only Memory)시디롬

Modem컴퓨터와 전화선의 신호를 상호 변환시켜 주는 데이터 통신 기기

LAN (Local Area Network)지역 컴퓨터 통신망

E-mail (Electronic mail)전자 우편

DTP (Desktop Publishing)전자 출판

MPC 멀티미디어 PC

cyberspace가상현실. 컴퓨터 통신망으로 연결된 가상 사회

MS-DOS (엠 에스 도스)와 MS-Windows (엠 에스 윈도즈)

MS-DOS (엠 에스 도스)는 Microsoft disk operating system의 약어로 16비트 및 32비트 퍼스널 컴퓨터용의 대표적인 운영 체제였으며 오늘날에는 윈도우즈에 자리를 내준지 오래되었지만 사실상 오늘날의 빌게이츠를 만들어낸 효자 역할을 해낸 프로그램입니다. MS-Windows (엠 에스 윈도즈)는 MS-DOS의 기반 위에서, MS-DOS 상에서보다 사용하기 쉬운 이용 환경을 실현하기 위한 기본 소프트웨어로서 도형과 마우스의 사용에 의한 시각적, 직관적 조작 방식, 복수의 소프트웨어 동시 사용(멀티태스킹), 윈도의 다중 표시(멀티 윈도 기능), 시각적인 파일 관리 등으로 MS가 컴퓨터 소프트웨어 시장을 장악하는데 절대적인 공로를 한 프로그램입니다.

아날로그와 디지탈

analog (아날로그) 란 연속적으로 변화하는 물리량으로, 데이터를 표현한다든지 측정한다든지 하는 것. 예를 들면, 전압이나 전류의 변화로 데이터를 표현, 측정하거나 시간을 시계의 바늘 각도로 표현하는 것을 의미하며 연속적 신호는 모두 아날로그 신호로 볼 수 있는데 반해서 digital (디지털) 즉 계수형은 숫자에 관한 용어 및 숫자에 의한 데이터 또는 물리량의 표현에 관한 용어로 데이터를 숫자나 문자 형식의 수치로 표시하기 위하여 계수형의 신호를 사용하는 것을 말합니다. 수치를 나타낼 때 두 가지의 안정 상태를 갖는 물리적 현상을 2진법의 수치에 대응

시키는 경우가 많은데 수치의 자릿수를 적당히 선택함으로써 정도가 높은 표현을 비교적 값싸게 처리할 수 있는 특징이 있습니다.

컴퓨터 language (랭귀지)

이는 정보를 전달하기 위한 어떤 약속, 규칙에 의해서 탄력적으로 사용되는 용어로서 자연 언어나 인공언어(프로그래밍 언어, 형식 언어) 들을 총칭하며 일반 컴퓨터 언어로는 COBOL, FORTRAN, ALGOL언어가 있고, BC에서는 APT, ADAPT가 있습니다. 이중 몇가지를 본다면 BASIC(베이식)은 Beginner's All purpose Symbolic Instruction Code 의 약어로서 다트머스대학에서 개발한, 간단히 습득하고, 사용할 수 있는 초보자용 프로그래밍언어입니다. BASIC은 개인용 컴퓨터나 시분할(TSS) 시스템에 채용되고 있으며 과학 기술 계산 처리, 사무 처리 등의 분야에서 사용되고 있습니다. 또한 C언어는 1973년에 리치(Denis Ritchie)가 UNIX를 위해 설계하고 실현한 프로그램 언어로서 간결한 표현 형식, 풍부한 제어 구조와 데이터 구조 및 여러 가지 연산자를 가진 범용 언어로, 고급 어셈블러에 가까운 시스템 기술 언어입니다. 전문가용의 언어이며, 실제로 UNIX를 비롯한 운영 체제나 기타의 소프트웨어 시스템의 개발용 언어로서 널리 이용되고 있습니다. 현재에는 워크스테이션은 물론 대부분의 대형 컴퓨터나 슈퍼컴퓨터, 개인용 컴퓨터에도 처리계가 만들어지고 있으며, 가장 이식성이 높은 언어의 하나입니다. C++ (씨 플러스 플러스)는 C언어를 확장한 프로그램 언어로 1983년 AT&T(미국 전화 전신 회사) 의 벨연구소에서 개발된 것으로, 종래의 C 언어에 목적 지향을 도입한 것이 특징입니다. COBOL (코볼)은 common business oriented language의 약어이며 주로 사무 데이터 처리를 하기 위한 공통 언어로서 설계된 절차적 언어의 하나입니다. Pascal(파스칼)은 구조적 프로그래밍의 개념에 따라 개발된 프로그래밍 언어로 이 명칭은 약어가 아니라 프랑스 수학자인 파스칼(Blaise Pascal)의 이름에서 따온 것입니다. 파스칼은 데이터를 구성할 때 데이터의 길이에 제약받지 않고 다양한 데이터 형식과 구조를 쓸 수 있으며 IF-THEN-ELSE나 WHILE-DO와 같은 제어 구조를 가지고 있으므로 구조적 프로그램의 개념과 원리를 쉽게 적용할 수 있습니다.

이러한 컴퓨터 언어들은 전문 프로그래머가 아닌 다음에야 일반인들의 영역 밖의 세상으로 인식되기 싶지만 일단 무엇이 무엇인지는 구별할 줄 하는 능력이 있어야 될것 같아서 다루어 보았습니다.

이상 키보드의 여러 기호들, 컴퓨터 운영프로그램의 차이, 각종 언어들을 살펴보았지만 이외에도 여러 가지 분야에 따라 많은 의미들이 산재해 있으므로 시간이 나신다면 아래의 사이트들을 방문하여 컴퓨터 상식을 늘리시는 건 어떨지 제안 드립니다.

각종 폰트 http://www.vestnett.no/~koponath/myfon.htmlDTP

(탁상 출판)의 팁과 트릭들 http://www.wINTERNET.com/~jmp/GetInfo.html

WAV형식의 사운드 http://www.netaxs.com/people/dgresh/snddir.html

모니터 http://hawks.ha.md.us/hardware/monitors.html

슈퍼모델의 무비 파일 모음집

http://www.eeb.ele.tue.nl/mpeg/movies/models/index.html

CPU http://infopad.eecs.berkeley.edu/CIC/

X Windows 환경의 사용 http://landru.unx.com/DD/advisor/index.html

윈도를 위한 화면 보호 프로그램

http://optimum.optimum.nf.ca/saver/saver.html

윈도즈95 http://cville-srv.wam.umd.edu/~dylan/windows95.htm

IINTERNET 라디오 http://www.microserve.net:80/vradio/

INTERNET에 대한 여러 가지 내용(한글) news:han.comp.

INTERNETINTERNET에 쓰이는 웃음 문자

http://www.eff.org/papers/eegtti/eeg_286.html

웹에 대한 여러 가지 정보(한글) news:han.comp.www

전세계 모든 컴퓨터 회사 http://www.iol.ie/~kmagee/compco.html

초보자를 위한 INTERNET 여행 http://www.globalcenter.net/gcweb/tour.html

컴퓨터 http://sckb.ucssc.indiana.edu/kb/

컴퓨터에 대한 잡다한 내용(한글) news:han.comp.misc

파워 매킨토시 http://www.info.apple.com/ppc/ppchome.html

PC매거진(유명한 컴퓨터 잡지) http://www.zdnet.com/~pcmag/

2) INTERNET이란?

INTERNET? 요즘 워낙 대중화 되어있는 단어라서 설명하기조차 구차할 정도로 널리 알려져 있으나 이것이 무엇의 약자인지 아시는 분은 드물 것입니다.
하지만 그 뜻을 모르시더라도 이 세계제일의 부호를 모르시는 분은 없으실 것입니다. 머리하나로 세계정상이 된 사나이마이크로 소프트사의 CEO (CHIEF EXECUTIVE OFFICER) 빌게이츠!! 바로 이 사람 빌 케이츠가 컴퓨터 나아가서 인터넷으로 세계제일의 거부가 된 사람입니다
(비록 최근에는 법정공방으로 위신이 많이 추락하기는 했지만) 또 최근 인터넷 하면 떠올릴 수 있는 사람은 재일 교포 사업가인 손정의씨가 있습니다. 이외에도 국내에 일고있는 벤처 열풍에 힘입어서 많은 신생기업들이 초고속성장 신화를 기록하였습니다.
이모든 것을 가능하게 한 것이 정보통신과 인터넷의 힘입니다. 그럼 인터넷의 뜻은 과연 무엇일까요? INTERNET(인터넷)은 INTERCONNECTED NETWORK의 줄임말(ABBREVIATED WORD)입니다.
INTERCONNECT는 서로 연결하다. 상호연결. 등의 뜻이지요. 즉 억지로 해석하자면 “상호 연결된 연락망”이란 뜻입니다. 1969년 AMERICA의 몇몇 UNIVERSITY들이 ARPA(ADVANCE RESEARCH PROJECTS AGENCY)NET를 구축한 것이 시초가 되어 1970년대에 연구용과 군사용으로

나누어지면서 전세계로 좌악 퍼졌지요.
여기에는 PERSONAL COMPUTER(개인용 컴퓨터)보급과 80년대말에 탄생한 WORLD WIDE WEB(WWW)이라는 새로운 기술(TECHNOLOGY)이 한몫 했습니다. 마음 같아서는 아예 뿌리를 뽑아서 이야기하고 싶지만 지면관계상 설명은 이쯤하고 인터넷을 사용하는데 필수적인 WEB BROWSER에 대하여 알아보겠습니다. WEB BROWSER란 인터넷을 사용할 때 쓰이는 프로그램을 말합니다.
INTERNET(인터넷)엔 수십 종이 넘는 BROWSER(브라우저)가 많습니다. 그중 NETSCAPE와 EXPLOER가 대표적이지요.
전, NETSCAPE 와 EXPLORE를 같이 씁니다. 둘다 장단점이 있으니깐요. INTERNET의 바다에 NETSCAPE같은 브라우저가 배라면 검색엔진은 지도라고 할까요? 그런 역할을 수행합니다. 그러나 검색엔진을 이용하면 전 세계 5천만 대 이상의 컴퓨터가 연결된 INTERNET에서 자신이 원하는 정보를 검색할 수가 있습니다.
INTERNET에 있는 검색 엔진 또는 검색 SITE도 수십여개에 달하지만, 주제별 검색 SITE와 주제어별 검색 SITE 이렇게 크게 두 가지로 나눌 수 있습니다. 주제별 검색 사이트는 비슷한 서비스를 하는 홈페이지들을 그룹 별로 모아놓아 마우스 클릭만으로도 쉽게 검색이 가능하여 초보자들에게 특히 많이 사용하지만 좀더 자세하고 방대한 자료를 검색하기에는 역부족이라는 단점을 가지고 있습니다. 대표적인 주제별 검색 사이트로는 yahoo(http://www.yahoo.com)가 있습니다. 야후의 사용법은 의외로 간단합니다. 화면 중앙의 Search옆에 있는 공란에 검색어를 입력하고 Search를 클릭 하면 검색이 되며, 자신이 찾고자 하는 주제에 마우스로 직접 선택하며 접근하여 원하는 홈페이지를 찾아가는 방법도 있습니다. 인터넷을 처음 접하는 분들은 야후나 검색엔진을 사용하는 것만 감(?)으로 습득하시면 누구에게 배우지 않아도 돈 안들이고 전세계를 여행하실 수 있는 방법을 터득하신 것입니다.

그러면 야후의 뜻은 무엇인가? 필자가 처음 인터넷을 접했을 때는 야후를 보고나서 '아하~~ 야호(산 정산에서 외치는 소리)의 영어식 발음인가 보군?' 하고 삼척동자인척(아는척) 했었지요. 저 같은 분이 또 계시진 않겠지만 사실은 야후는 데이빗 파일로와 제리 양이 스탠포드 대학 전기공학 박사과정에 있을 때 교과과정별로 홈페이지를 분류한 게 시초가 되어 그들의 주장에 따르면 걸리버 여행기에 나오는 인종이라고 합니다. 그리고 야후는 또한 'Yet Another Hieratchical Officious Oracle'의 의미이기도 하지요 풀이하자면 또다른 하나의 굳이 참견하여 진실을 알려주는 사람이라는 뜻이기도 합니다.

잘 알려진 야후 말고도 INTERNET에는 검색엔진이 너무나 많습니다. 그 중에는 알타비스타라는 것도 있지요. 주제어를 입력하여 검색해주는 SITE로 거의 대부분의 SITE가 이에 해당하지만 각 SITE마다 다양한 검색 방식을 제공하므로 선택의 폭이 넓습니다. 이 주제어를 직접 입력하여 검색하는 SITE는 주제별 분류 검색 SITE보다 훨씬 방대한 자료를 가지고서 검색을 함으로 보다 많고 자세한 정보를 찾기에 알맞습니다.

대표적인 주제어 검색 SITE가 바로 앞에서 언급한 한글을 포함하여 다국어 검색이 가능한 altavista(http://www.altavista.com)입니다.

알타비스타의 검색 방법은 간단합니다. 자신이 찾고자 하는 정보를 잘 나타내주는 주제어를 화면 중앙의 Sebmit버튼 옆의 공란에다 하나 둘씩 입력하여 Submit을 클릭 하면 그것에 관한 홈페이지 목록을 출력해주지요. 한가지 주의해야할 것은 알타비스타는 다른 검색엔진과는 다르게 대문자와 소문자를 구분해 검색해야한다는 것입니다.

일반적으로 초보자들이 인터넷을 접속할 때 그 방법에 대하여 고민하는 경우가 많은데 요즘은 두루넷, 하나로 통신, 한국통신등에서도 초고속 인터넷망을 제공하고 이고 또한 이러한 전용선이 아직 깔리지 않은 지역에서는 전국 주요 PC통신망인 유니텔, 하이텔, 천리안, 나우누리나 기타 신생되는 각종 네트워크에 가입하면 별로 힘들이지 않고 인터넷에 보다 쉽게 접속할 수 있습니다. 가입하신 후 후에 우편으로 배달되는 각 통신사의 접속 프로그램을 자신의 컴퓨터에 설치하시면 됩니다.

3) A history of hacking

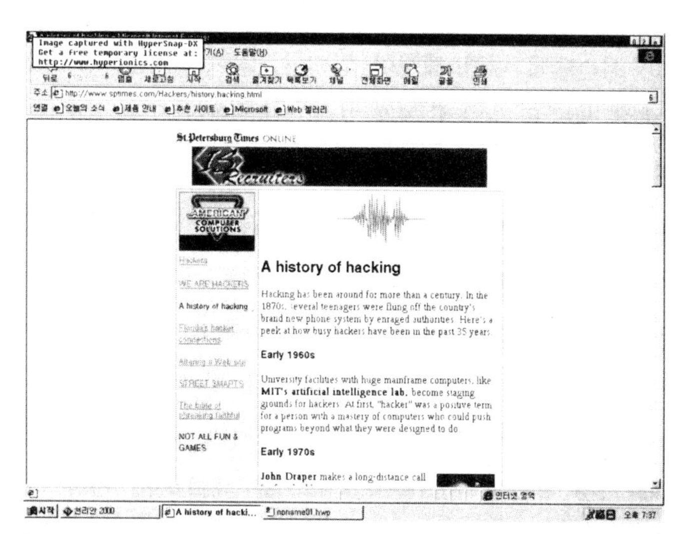

최근 미 최대의 인터넷 기업인 아메리카 온라인(AOL)이 자사의 컴퓨터 보안에 구멍이 뚫렸음을 200년 6월 24일 공식 시인했습니다. AOL은 최근 "의심이 가는 e- 메일은 함부로 열지 말라는 경고를 무시하고 종업원들이 메일을 열어봄으로써 해커의 침입을 허용, 귀중한 회원 정보를 훔쳐볼 수 있는 기회를 제공했다"고 설명했는데 이번에 해커들이 메일에 숨겨 침입시킨 프로그램은 '트로이 목마'로 알려졌습니다.

이처럼 해킹은 대기업의 웹사이트나 개인의 웹사이트나 가리지 않고 무차별적으로 이루어지고 있는데다가 세계적인 유명 웹사이트들이 해킹을 당하여 일대 파장을 불러일으키기도 하는데, 대표적인 예로 인터넷 서점인 아마존과 최고의 권위를 자랑하는 타임의 홈페이지등이 있었고 또한 근래에는 백오리피스라는 해킹관련 프로그램으로 초등학생들도 해킹을 시도하여서 물의를 일으키기도 하였는데 순식간에 많은 피해를 일으키는 이러한 해킹은 100년 이상의 역사를 가지고 있습니다.(Hacking has been around for more than a century) 1870년대에(In the 1870s) 십대들이 (several teenagers) 미국의 새로운 전화시스템을(the country's brand new phone system) 침범하면서 부터였는데 이들은 전화선을 끊고 스위치 보드를 조작하여 여성 전화 교환원들을 당혹하게 했다고 합니다.

그러니깐 해킹이란 일련의 시스템에 대한 침범행위 그 자체를 일컫는 말로 오늘날의 컴퓨터 시스템에 대한 해킹이 일어난 것은 35년전부터이었습니다. 진정한 의미의 해커가 등장한 것은 1960년대부터였다. 미 MIT재학생이었던 이들은 당시 수 t짜리 메인프레임 컴퓨터에 접근하기가 쉽지 않다는 데 불만을 갖고 몇시간이나 걸리던 컴퓨터 접근 프로그램을 훨씬 빠르게 접근할 수 있도록 바꿔놓았고 이들이 만든 프로그램은 당시 학교당국이 수만 달러를 들여 짠 프로그램보다 훨씬 정교하고 효율적이었는데 이것이 최초의 컴퓨터 해킹사건이었다고 할수 있을 것입니다.

이후로 수많은 해커 영웅들이 해킹과 크래킹을 감행하다 쇠고랑을 차는 등 일화가 많았는데 그중 유명한 해커들의 이야기를 살펴보면, 케빈 미트닉은 FBI 영구 리스트에 오른 최초의 해커로서 해킹으로 잡히면 복역을 하고, 출옥하면 다시 해킹하는등 특이한 전과를 가지고 있으며 특히 어린 시절 불우한 가정환경으로 PC가 없었음에도 불구하고 고장난 라디오를 수리하고 모뎀을 부착해 1대1 컴퓨터 접속을 시도하는 '획기적인' 해킹 방법을 시도한 것으로 유명하며 불우한 천재소년들의 우상으로 현재도 복역중입니다. 또한 케빈 파울선은 1990년 컴퓨터와 모뎀을 이용해 LA로 들어가는 모든 전화선을 장악, 방송국 경품을 휩쓸었고 이때 받은 상품인 포르셰 자동차를 타고 다니던 파울선은 FBI 작전 명령서를 빼내다가 덜미를 잡히기도 했으며 요한 헬싱기우스는 모든 해킹작업을 486컴퓨터와 200Mb의 용량의 하드디스크로 해낸 것으로 더욱 유명한데 E-메일의 송신자를 조작하는 수법으로 네트워크 관리자들을 긴장시켰고 인터넷 보안수준을 끌어올리는데 결정적 공헌을 한 인물이었습니다.

이렇듯 수많은 해커들이 물의를 일으키기도 하였으나 이 덕분에 여러 가지 보안관련 신기술들이 비약적으로 발전하는 등의 공헌을 하기도 하였으므로 아이러니라고 할 수 있을 것입니다.

그러나 해킹은 어디까지나 불법이고 범죄행위이므로 이를 대처하고 예방하는 지혜가 절실히 필요하다고 할수 있을 것입니다.

4) 사이버인간

매일 저녁 TV를 켜면 나 잘난 박사라는 컴퓨터 그래픽으로 이루어진 캐릭터가 등장하여 현 세태에 관하여 촌철살인의 비평을 늘어놓고 있으며 각종 쇼프로그램과 드라마 등에서도 이러한 등장인물이 심심찮게 등장하는 것을 자주 보게됩니다.

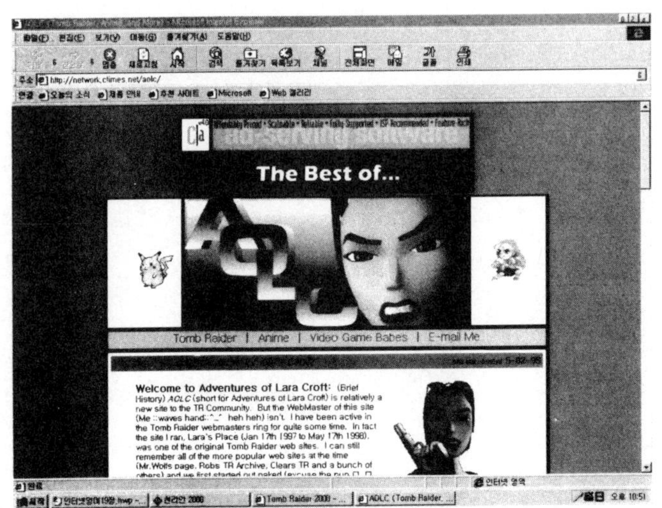

인터넷에서는 이런 가상의 인물들을 총칭하여 사이버스타라는 말로 대신하기도 하는데 국내에서는 사이버가수 '아담'의 출생이후 빠르게 사이버스타, 인간들이 출생하고 있습니다. 원래 사이버인간은 가상의 공간인 인터넷의 발전에 힘입어 사이버스페이스의 개념이 발전하고 이 보이지 않는 상상의 공간을 공유하는 사람들이 늘어나 탄생할 수 있는 기초가 만들어지게 되었습니다.

이러한 사이버인간은 실제 자기자신이 생각하고 말하며, 행동하지 못하는 존재로서 모든 것이 미리 계획되어진 것이며, 많은 개발자가 공동의 노력으로 만들어진 작품입니다.

Welcome to Adventures of Lara Croft: 라라 크로프트의 모험에 오신걸 환영합니다.!!

(Brief History) AOLC (short for Adventures of Lara Croft) is relatively a new site to the TR Community. AOLC는 TR사의 새로운 웹사이트입니다.

그림의 사이트는 라라 크로프트라는 한 사이버 스타의 홈페이지로서 원래 이 라라 크로프트는 툼레이더라는 pc게임의 주인공으로 등장하였다가 게임의 인기와 더불어 세간에 화제를 불러일으킨 인물입니다.

이런 사이버 인간들도 사람처럼 똑같이 신체를 가지고 있고 인터넷 속에서 breathe(호흡하다)하면서 갖가지 활동을 하고 있습니다.

신체(body)를 가르키는 영어를 보면,

ears 귀

hands 손

nose 코

mouth 입

feet 발

hip 엉덩이

breast 가슴

lung 폐

Stomach 위

heart 심장

muscle 근육

Kidneys 신장

intestines 창자

brian 뇌

liver 간

throat 목구멍

blood vessels 혈관

Head 머리

hair 머리털

bald head 대머리

forehead 이마

eyebrow 눈썹

mustache 콧수염

beard 턱수염

whisker 구레나룻

cheek 볼, 뺨

chin 아래턱

eyelash 속눈썹

eyelid 눈꺼풀

jaw 턱(이까지 포함)

wrist 손목

palm 손바닥

thumb 엄지손가락

finger 손가락

nail 손톱

ankle 발목

heel 발뒤꿈치

toe 발가락

toenail 발톱

Limb 사지,수족

shoulder 어깨

arm 팔

elbow 팔꿈치

knee 무릎

calf 장딴지

chest 가슴,흉부

abdomen 배,복부

back 등

backbone 등뼈,척추

rib 갈비뼈

corpse 시체

skeleton 골격,해골

Urine 오줌

excrement 대변

nerve 신경

nervous system 신경계통

heartattack 심장마비

blind 눈먼

deaf 귀머거리의

mute 벙어리의

또 한명의 사이버 스타로서 가까운 이웃 일본에서 탄생한 쿄코 다테가 있습니다.

이 사이버 캐릭터는 노래도 부르고 춤도 추는 만능 엔터네이너로서 다른 사이버 케릭터와 마찬가지로 TV, 스크린과 인터넷등을 오가며 맹활약하였으나 불행히도 흥행에는 참패하고 말았습니다.

이외에도 깜직한 모습의 춤추는 아기라든가 신문사의 기자, 또는 대학의 학생등 수많은 캐릭터가 지금 이 순간에도 탄생하여 활동하며 때로는 소리소문도 없이 사라지고 있는 실정이나 이러한 현상들이 우리의 사이버 공간에서의 생활을 더욱 윤택하게 할지 아니면 더욱 삭막하게 할는지는 그들을 만들어내고 있는 우리들의 몫이 아닐는지........

다테 교코-www.djw.co.jp

라라 크로프트-www.tombraider.com

6. 경제 / 비지니스

1) 인터넷의 대표주자 전자상거래

2) 인터넷 비즈니스

3) 증권거래

4) 인터넷속의 기업

1) 인터넷의 대표주자 전자상거래

www.ebay.com

인터넷의 총아라고 할 수 있는 전자상거래의 경우 그 명성에 걸맞게 가장 활발히 태동하고 있으며 많은 투자가 이루어지고 있습니다. 이 예는 실제로 생활에서도 빈번히 사용되고 있는데 최근 국내 모신문사 에서도 100만원 사용한도의 신용카드로 일주일간을 방안에만 지내며 살아남는 서바이벌(survival)게임을 개최했는데 큰 무리 없이 참가자들이 모두 최종까지 거뜬하게 버틴 것으로 그 사실을 입증한바 있습니다.

의의 사이트는 유명한 전자 상거래 업체인 ebay사의 홈페이지로 경매사이트인 ebay는 회원제로 운영되며 380만명의 회원에 일일매매품목 200만불, 1,627개의 카테고리에 매달 15억이상의 페이지를 제공하며 미 전지역과 전세계에 걸쳐서 자체서비스를 운영하고 있는 것으로 유명합니다.

wealth 부,재산

fortune 부,재산

riches 부,재물

monetary 화폐의.금전의

pecuniary 금전의, 재정의

a pecuniary penalty 벌금형

Finance 재정.재무

invest 투자하다

investment 투자

income 수입,소득

an annual income 연간 수입

expense 비용,지출

deposit 맡기다.보증금

depositary 보관소

save 저축하다

withdraw 인출하다

withdrawal 인출

asset 자산(capital자본+liabilities부채)

bond 채권

capital 자본

claim 배상청구

currency 통화, 화폐

deficit 적자

surplus 잉여

downpayment 계약금, 착수금

fiscal year 회계 연도

gross income 총 수입

inflation 인플레이션

insurance 보험

interest 이자

loan 융자

make money 돈을 벌다

net income 순수입

policy 보험증서, 보험약관

premium 보험료

rebate 환불

stock 주식

insolvent=bankrupt 지불 불능의

tax deduction 세금 공제

cash 현금

cash machine 현금자동지급기

change 거스름돈

checkbook 수표책

credit 신용,융자금

exchange 환전

money order 은행환

personal check 개인 수표

traveler's check 여행자 수표

www.amazon.com

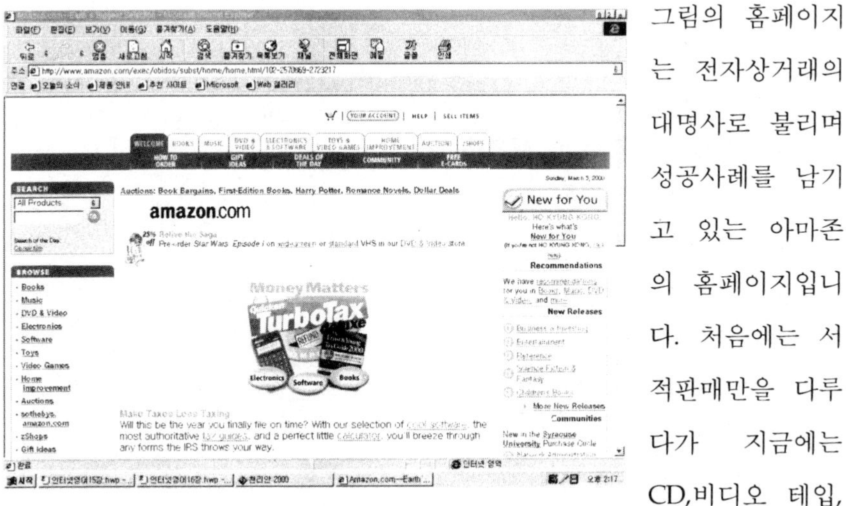

그림의 홈페이지는 전자상거래의 대명사로 불리며 성공사례를 남기고 있는 아마존의 홈페이지입니다. 처음에는 서적판매만을 다루다가 지금에는 CD,비디오 테입, 전자제품까지 그 영역을 넓혀 나가고 있으며 이미 우리 나라를 포함 많

은 전세계 네티즌들이 이용하고 있는 것으로 알려져 있습니다. 서적의 경우 유통중 변질될 우려가 없는데다가 염가로 제공할 수 있는 특성을 최대한 살린 아이템으로 인정받고 있으며 다른 모든 상업사이트의 귀감으로서 자리 매김을 하고 있습니다.

이외에도 회원제 모집으로 광고를 보면 돈을 준다는 골드뱅크나 검색엔진인 야후에서도 경매와 상거래 서비스를 실시하고 있으며 너도나도 할 것 없이 많은 사업자들이 이 분야에 군침을 흘리며 황금시장으로서의 이름 값을 톡톡히 하고 있습니다.

더 나아가서는 사이버공간에서 가상 백화점을 세워 입주조건으로 여러 가지 회비와 수수료를 받는 사이트까지 등장하고 있는 등 곧 바로 돈에 될 수 있는 전자상거래분야에서의 경쟁은 치열하다 못해 피 튀기는 전국시대와 같다고 할 수 있을 것입니다.

그밖에 집에서 손쉽게 여러 가지 도움을 받을 수 있는 사이트들을 아래에 소개하였으므로 참고하시기 바랍니다.

DREAM HOME-www.dreamhomesource.com/dhs/mainsrch.htm

HOUSENET-www.housenet.com

NYE LABS ONLINE-nyelabs.kcts.org

가정 꾸미기-homearts.com

가정 정보 옐로우 페이지-www.bigbook.com

고풍스러운 매력-www.swoon.com

난방 효율을 높이자-www.its-canada.com/reed

어린이 보호법-www.careguide.net

가정에서의 문제점 해결-www.learn2.com

집수선-www.restoreamerica.com

집안 꾸미기-www.homearts.com/waisform/homeplan.htm

집안 일부터 잘하는 아이로 키우자-ericps.ed.uiuc.edu

추수감사절 메뉴

-www.epicurious.ocm/e_eating/e04_thanks/menuintro.html

키드키드-kidkid.net

Hotbot-www.hotbot.com/

Infoseek Ultraseek-ultra.infoseek.com/

whowhere-www.whowhere.com

ZOOM-zoom.cyso.net

갤럭시-galaxy.einet.net/galaxy.html

2) 인터넷 비지니스

영어의 사용에 있어서 비즈니스는 뗄 레야 뗄 수 없는 관계인 것 같습니다. 말과 글이 다른 외국과 거래하자면 영어는 필수이지요. 최근 인터넷 무역이니 인터넷 주식거래니 하며 인터넷을 이용한 비지니스가 활성화 되어있습니다. 만약 미국에 있는 한 수입회사에 자사 제품을 수출하고자 한다면 다음과 같은 서한을 작성하여 FAX로 보내야 할 것입니다.

Dear Sirs,

We are long-established exporters and of Korean-made Personal Computer Appliances such as Hardware, Software, PC Monitor, Mouse, Floppy and Hard Disk etc.. We want to export our goods to your company ,especially Hardware and Software.

We would appreiate it if you would introduce to us some reliable firms who specialize in these lines of products there. We are inclosing a stamped addressed envelope for your reply.

Your kind cooperation in this matter would be highly appreciated.

Yours sincerely,
Jason Trading Co., Ltd.

당사는 하드웨어, 소프트웨어, PC 모니터, 마우스, 플로피, 그리고 하드 디스크 등 과 같은 한국제 컴퓨터 용품의 오래된 수출업자이다. 당사는 당사의 제품, 특히 하드웨어와 소프트웨어를 귀사에 수출하기를 원한다. 그 곳에서 이러한 종목의 전문적으로 다룰 수 있는 신뢰할 수 있는 회사를 당사에 소개해 주면 고맙겠다.
당사는 귀측 회답용 수신자명주소기입 우표첨부봉투를 동봉한다. 이 점에 있어서 귀측의 조속한 협조를 해주면 감사하겠다.

specialize in = ~을 전문으로 취급하다.
these lines of products = 이러한 종목의 제품
for your reply = 귀사회답용
stamped addressed envelope = 수신자명주소기입 우표첨부봉투
enclose = inclose

이러한 서한은 하나의 예를 든 것으로 근래에 들어서는 이러한 내용들도 모두 이 메일로 오가고 있는 실정입니다. 사실상 인터넷 무역이란 인터넷을 이용한 자료검색및 연락망 등을 이용한 첨단 무역거래의 한 형태라고 할 수 있겠지요.
특히 93년 2월에 발표된 모자이크(Mosaic)의 급속한 보급과 함께 인터넷의 진수로 자리잡은 월드와이드웹(WWW)은 수많은 기업들에 의해서 그 가치를 인정받고 있으며 알려진 대로 월드와이드웹은 가상의 네트워크에 기업 공간(웹사이트)을 만들고 고객을 비롯한 기업 내외 부의 사용자들과 정보를 교환할 수 있는 온라인 무인 창구의 역할을 제공하고 있습니다. 이를 활용하는 기업은 정보 교환에 따르는 각종 비용을 혁신적으로 절감할 수 있을 뿐만 아니라, 인터넷 사용자를 대상으로 새로운 사업 기회를 만들어낼 수도 있습니다.
 월드와이드웹을 이용한 인터넷 비즈니스가 본격적으로 이루어진 최근 몇년 동안 그 사업에 일찌감치 뛰어든 기업들은 이미 상당한 성과를 거둔 것으로 평가되고 있습니다. 그 가운데에는 IBM, SUN, HP, DEC과 같은 정보통신 관련 기업들이 상당수 포함되어 있지만, 피자헛, O'Reilly

& Associates, 타임워너, GE, 포드와 같은 다양한 분야의 기업들도 적극적인 웹 서비스를 운영하고 있습니다. 이들 기업들은 웹서비스만을 전문적으로 기획, 운영하는 별도의 조직을 갖고 있는 것이 일반적이며 전담 조직은 웹서비스 운영을 위한 전략을 마련하고, 고객들이 찾는 정보를 적절히 가공하여 제공하며, 서비스의 지속적인 보완과 발전을 위해 노력하고 있습니다.

웹서비스를 단지 HTML(HyperText Markup Language)과 CGI(Common Gateway Interface) 기술의 조합으로 인식하거나, 화려한 그래픽 디자인으로 치장된 전자 문서 정도로 여기는 경우에는, 정작 채워져야 할 웹 서비스의 알맹이는 지나쳐 버릴 수 있습니다. 성공적인 웹서비스를 만드는 것은 일반적인 정보 시스템 구축 방법과 마찬가지로 체계적인 절차에 따라 각각의 구성 요소를 적절히 조화시키는 것이 필요하지요.

웹서비스의 성공은 많은 사용자들이 자신의 웹사이트에 접속할 수 있도록 만드는 것에서부터 출발하며 이를 위해 우선 결정되어야 할 것은 어떤 사용자들을 대상으로 웹 서비스를 할 것인가 하는 점입니다. 타당한 대상 사용자의선정은 웹 서비스의 방향을 보다 구체화시켜주며, 사용자의 요구에 맞도록 정보를 가공해서 제공할 수 있는 출발점이 됩니다.

무엇보다 가장 중요한 것은 인터넷이 외부에서 그렇듯이 진짜 정보의 보고인가는 전적으로 이용자의 수준과 활용에 달려 있다는 점입니다. 인터넷을 활용 안하면 마치 당장에라도 기업이 파산할 것처럼 오인해, 이용자 수준도 고려치 않고 인터넷을 활용하려 한다면 이 또한 기업측면에서 낭비적인 투자이고 불필요한 경영이 될 뿐입니다. 따라서 충분한 이용자 교육이 필요하며, 인터넷을 비즈니스 차원에서 활용할 수 있는 경우는 현재 겉으로 드러난 것 외에도 그것을 깨우는 것은 전적으로 이용자에게 달려있을 것입니다.

barter 물물 교환

coin 동전

paper money 지폐

credit card 신용카드

check 수표

미국 화폐 dollar

Canada dollar

France franc

Japan yen

Britain pound

Germany mark

Mexico peso

Italy lira

Finance 재정.재무

the law of supply and demand 수요 공급의 법칙

production and consumption 생산과 소비

balance of import and export 수입.수출 균형

net profit 순이익

gross profit 총이익

goods and service 재화와 용역

gain and loss 이익과 손실

broker 중개인

buyer 구매자

consumer price index 소비자 물가지수

GNP(=Gross National Product) 국민 총생산

NNP(=Net National Product) 국민 순생산

price freeze 물가동결

reasonable price 적정가

retail price 소매가

wholesale price 도매가

operating expense 운영비

break-even point 손익분기점

Slump and Boom 불황과 호황

collapse 붕괴.가격의 폭락

bankruptcy 파산.도산

recession 경기 후퇴

reduction 감소.삭감

panic 경제 공황

the Panic (1930년대의) 경제 대공황

deflation 통화 수축

inflation 통화 팽창

depression 대공황.불경기

stagnation 경기 침체

crash 파산하다

비즈니스관련 추천사이트

가트(GATT) http://ananse.irv.uit.no/trade_law/gatt/nav/toc.html

각종 3차원 컬러 명함

http://www.worldtel.com/netiidea/engle/buscards.html

경영정보시스템

http://snowwhite.it.bton.ac.uk/present/iethree/ie3struc.html

경영정책과 법규

http://www.vanderbilt.edu/Owen/froeb/antitrust/antitrust.html

광고시대에서의 마케팅 http://www.adage.com/

남아프리카에서의 비즈니스 http://www.sabix.co.za/sabix

러시아 비즈니스 http://www.mja.net/ebp

마케팅과 광고 http://www.goodadvertising.com

말레이시아에서의 비즈니스 http://www.beta.com.my/biz

멕시코에서의 비즈니스 http://rampages.onramp.net/~mexis

법과 경제 http://www-leland.stanford.edu/~tstanley/lawecon.html

비즈니스 여행 http://www.marcopolo.com

비즈니스 참조 페이지 http://www.commerce.com/

세금 http://omer.cba.neu.edu/home

소규모 사업 가이드 http://netmar.com/mall/shops/solution/

싱가포르에서의 비즈니스 http://gopher.cic.net

아시아에서의 비즈니스 http://asiabiz.com/

우르과이라운드 마지막 협상 http://heiwww.unige.ch/gatt/final_act/

인도네시아에서의 비즈니스 http://www.indobiz.com/

일본의 경제와 비즈니스 http://www.twics.com/~COMLINE/home.html

원하는 비즈니스 항목에 연결시켜주는 페이지

http://www.intbc.com/

전세계 주요 시장 http://www.futuris.net/touch/welcome.html

통신 기업체 http://www.telematrix.com/

투자와 연구에 관한 자료들 http://www.mlinet.com/mle/search2.html

하버드 비즈니스 스쿨 http://www.hbs.harvad.edu/index.html

홍콩에서의 비즈니스

http://www.hk.super.net/~rlowe/bizhk/bhhome.html

과학과 기술에 대한 월드 뉴스 http://www.fwi.com/wnt/wnttech.html

오늘의 비즈니스 월드 뉴스 http://www.fwi.com/wnt/wntbus.html

오늘의 월드 뉴스 http://www.fwi.com/wnt/wnt.htm;

INTERNET 스포츠 월드 뉴스 http://www.fwi.com/wnt/wntsport.html

재미있는 이야기가 있는 곳-INTERNET에서 가장 많이 구독되는 뉴스

news:rec.humor.funny

전세계의 기상뉴스 http://www.atmos.uiuc.edu/wxworld/html/top.html

3) 인터넷 증권거래

http://www.morningstar.com/

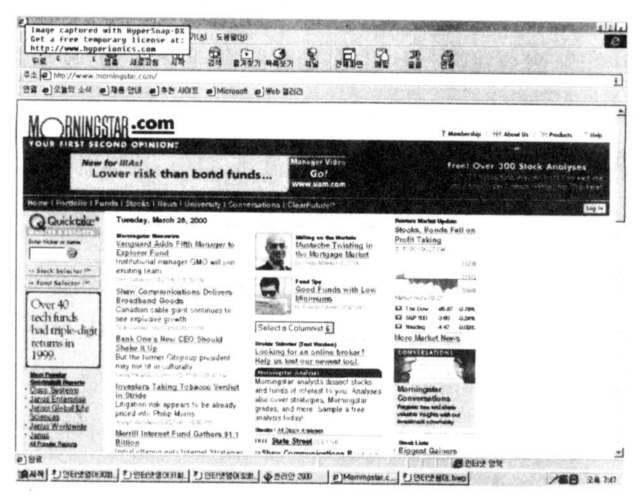

요즘 벤처니 주식이니 하면서 과거 부동산처럼 하루아침에 돈방석에 앉은 사람들 이야기를 TV며 신문에서 심심찮게 볼 수 있습니다만 그 뒤에 있는 개미군단들의 슬픔이야말로 주식투자열풍의 휴우증을 대변해주고 있을 것입니다. 직장에서 PC한켠에 증권사 홈페이지의 접속화면을 띄워놓고 주식시세를 확인하는 광경은 어제 오늘의 모습이 아니며 코스닥으로 울고 웃는 사람들의 이야기도 남의 일이 될수 없듯이 누구나 나라면 혹시나 하는 심정에서 주식에 손을 대고 있는 사람들이 늘고 있으며 앞으로도 늘어날 것입니다. 이제 주식은 투기가 아닌 재산운용의 일원으로 점점 자리 매김하고 있는 것이 아닌가 생각됩니다만 아직도 우리 나라는 근거도 없이 등락을 반복하는 시장에서 일희일비할 수밖에 없는 불안한 증상은 계속 만연하고 있는 실정입니다.

인터넷의 또 다른 대중적인 활용수단으로 이 주식투자를 빼놓을 수 없는데 이미 외국에서는 많은 웹사이트들이 개설되어 주식시장에 관련된 뉴스와 주식시세들을 그때그때 리얼타임으로 전하고 있으며 우리 나라에서도 수많은 증권회사들이 그 뒤를 밟고 있습니다.
여기서 간단한 주식에 관련된 상식을 이야기하고자 합니다.
주식투자를 위해서는 우선 증권사에 구좌계설을 해야하고 원하는 주식을 주문하는데 주식시장에서는 10주 단위로 거래가 이루어집니다. 주문을 하는 방법은 크게 3가지가 있습니다. 첫 번째 방법은 증권사에 찾아가서 직접 하는 방법이고, 두 번째 방법은 전화로 하는 방법이고, 세 번째 방법은 여기서 소개한대로 pc 통신이나 인터넷을 통해 하는 방법입니다. 그리고 구입한 주식의 시세표를 경제신문의 증권 면이나 인터넷 등에서 확인하고 팔고 싶을 때 팔고 사고 싶을 때 사면됩니다.
또한 주식에 관한 용어를 살펴본다면 자주 들을 수 있는 말인 공모 (public offering)는 발행된 유가증권을 불특정 다수 인에게 균일한 조건으로 매도 및 매수청약을 권유하는 것으로 일반모집이라고도 합니다. 그 외에도 많은 용어가 존재하는데 감사의견 (auditor's opinion), 감사증명 (audit report), 골든크로스 (golden cross), 기업어음 (CP: 기업이 자기신용을 바탕으로 단기자금을 투자자로부터 직접 조달하기 위하여 발행하는 약속어음), 그린메일 (Green Mail), 대용가격 (substitute price of securities), 데드크로스 (dead cross), 데이 트레이딩(Day Trading), DR (Depositary Receipts 예탁증서), 명의개서 (transfer), VR (Volume Ratio), CD (은행이 정기예금에 대해 발행하는 무기명 예금증서), OBV (On Balance Volume :거래량은 항상 주가에 선행한다는 것을 전제로 거래량 분석을 통해 분석하는 기법), 주당 순이익 (EPS: Earning Per Share), 자산주 (asset stock), 자산재평가 (revaluation of assets), 종합주가지수 (KOSPI: Korea Composite Stock Price Index), 파킹 (Parking:지분 감춰두기), PER (Price Earning Ratio), 환매조건부 채권 (RP), 위탁모집(모집주선, best-effort basis), 잔액인수(stand-by agreement), 총액인수(firm commitment)등이 있습니다.

이번엔 주식발행시장제도(기업공개, 증자, 시가발행)를 살펴보겠습니다. 먼저 기업공개란 증권거래법과 기타 법규에 의거하여 주식회사가 발행한 주식을 일반투자자에게 균일한 조건으로 공모하거나, 이미 발행되어 대주주가 소유하고 있는 주식의 일부를 매출하여 주식을 분산시키고 재무내용을 공시함으로써 명실상부한 주식회사의 체제를 갖추는 것을 말합니다. 기업공개의 방법에는 공모방법에 의한 분류(신주의 모집, 구주의 매출, 모집과 매출의 병행, 모집설립, 직상장방법)와 공모가액에 의한 분류(액면발행, 할증발행, 할인발행, 상장요건)이 있으며 두번째 순서로는 증자가 있는데 증자(增資)라 함은 회사가 자본을 증가시키는 것을 말하며 자본을 증가시키는 데에는 신주의 발행이 따르므로 증자를 신주의 발행이라고도 합니다. 증자의 형태에는 유상증자, 무상증자, 전환사채의 전환에 의한 증자, 주식배당에 의한 증자, 신주인수권부사채(Bond with Warrant)에 의한 증자등이 있습니다. 마지막으로 시가발행이 있는데 시가발행이란 상장법인이 신주의 발행가액을 액면가와는 무관하게 주식시장에서 형성되는 구주(舊株)의 시세를 기준으로 하여 산정된 가액으로 신주를 발행하는 것을 말합니다.
짧게나마 주식에 대한 여러 가지 요소들을 살펴보았고 여러 유명 펀드매니저들이 권하는 성공 투자방법론으로 마치고자합니다.

1. 냉정한 판단/분석

주식투자의 기본자세는 "마음을 비우는 것" 즉 욕심을 버리는 자세가 필요하다고 합니다.
순간적인 주가 움직임에 일희일비하거나 주식에 지나치게 집착할 경우 잘못하면 돈 잃고 마음과 몸의 건강도 함께 잃어버리는 한심한 일이 생기므로 주가가 웬만큼 떨어져도 신경 쓰지 않는 정도의 마음의 자세가 주식투자의 기본이라고 할 만하다는 것입니다.

2. 조급한 마음을 버려라

돈을 벌겠다는 조급한 생각에 한순간이 아쉬운 듯 잠시도 쉬지 않고 열심히 주식을 사고 판다거나 하는 자세는 금물이라는 것이지요.

3. 주식투자는 반드시 여유자금으로 시작하라

주가움직임을 예견하는 것은 매우 어려우므로 이 돈은 잃어버려도 아깝지 않다는 생각을 할 수 있는 자금이 아니라면 주식투자에 나서지 말라는 얘기입니다.

4. 분산투자

주식투자는 확율게임이라고 합니다. 그러므로 분산투자야말로 안정성과 수익성을 동시에 추구할 수 있는 가장 좋은 방법인 것입니다. 분산투자는 종목뿐만 아니라 매매 시에도 한꺼번에 주식을 몽땅 사거나 팔 것이 아니라 2-3회정도에 걸쳐 서서히 주식을 매매하는 것이 좋다고 합니다. 이렇게 해야지만 주가가 예상과는 달리 움직이거나 또 정말로 높은 투자수익이 기대되는 우량종목을 뒤늦게 찾아냈을 경우에도 탄력적으로 대응할 수가 있으니깐요.

마지막으로 Stock Exchange(주식 거래)등에 쓰이는 영어단어들을 소개합니다.

stock 주식

capital 자본

asset 자산

return 배당.이윤

interest 이자,이율

turnover 총증권액. 거래 총액

advance 값이 오르다

decline 값이 내리다

stock exchange 증권 거래소

stockholder 주주

dividend 배당금

Business Activities 사업활동

consortium 컨소시엄,공동 사업 추진체

contract 계약

corporation 기업.회사

deal 거래

discount 할인하다

distribute 분배하다.유통하다

enterprise 사업,기업

estimate 견적(을 내다)

globalization 세계화

incorporate 법인으로 만들다

joint venture 합작사업

know-how 전문기술

lease 임대하다

M&A (=Merger & Acquisition) 합병과 인수

monopoly 독점,독점권

offer 제안.호가

pamphlet 소책자

receipt 영수증

rent 임대료

small-and-medium-sized business 중소 기업

subcontract 하도급(하청계약)을 하다

subsidiary 자회사

telemarketing 통신판매

4) 인터넷속의 기업

www.framatome.com

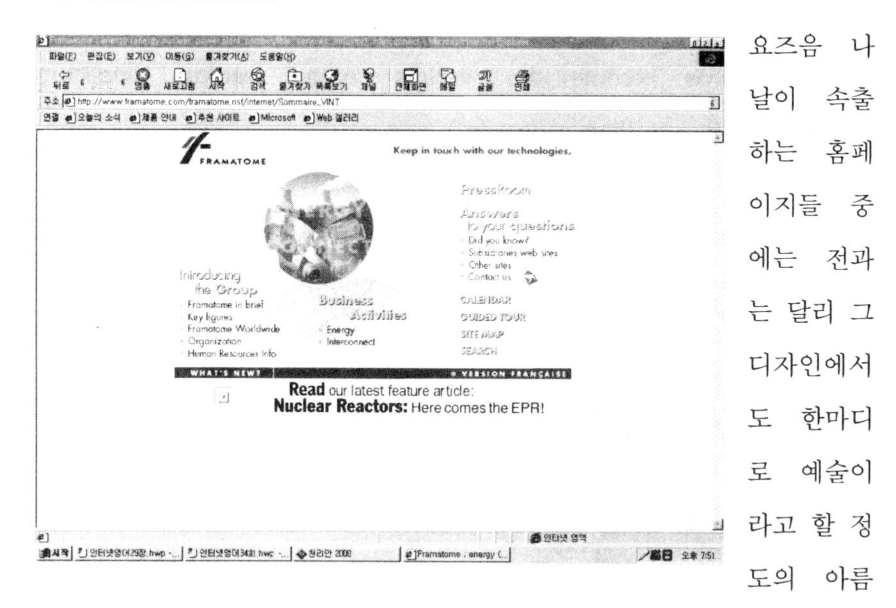

요즈음 나날이 속출하는 홈페이지들 중에는 전과는 달리 그 디자인에서도 한마디로 예술이라고 할 정도의 아름다움을 가지고 있는 것이 많습니다.

그 중에서도 특히 기업들의 홈페이지야말로 풍부한 자금력을 바탕으로 우수한 전문가들에 의해 만들어진 것이므로 더 말할 나위가 없겠지요.

기업의 인터넷 홈페이지 하면 웹관련 기업들을 떠올리시겠지만 사실상 아직까지는 제조업체가 대부분을 차지하고 있으며 최근 인터넷 열풍으로 이들 기업이 위축된 것처럼 보이지만 제조업이야말로 모든 산업의 근간이라고 할수 있으므로 21세기에도 단단한 생명력을 이어갈 것이라는 전망입니다.

취업을 위해서라던가 아니면 정보검색을 하던 중 이들 사이트를 만날 수 있는데 여기서 간단히 다국적 기업들의 웹사이트들을 소개해 드리겠습니다.

그림의 홈페이지는 프랑스의 유명한 다국적 기업인 프라마톰의 홈페이지로서 지금은 원자력분야의 세계적인 선두기업 (Now the global leader in the nuclear power field) 이며 또한 프라마톰은 10년도 안되는 기간중에 세계에서 두번째의 커넥터 제조기업이 되기도 했습니다. (Framatome has become the world's second leading connector manufacturer in less than a decade)

www.textron.com

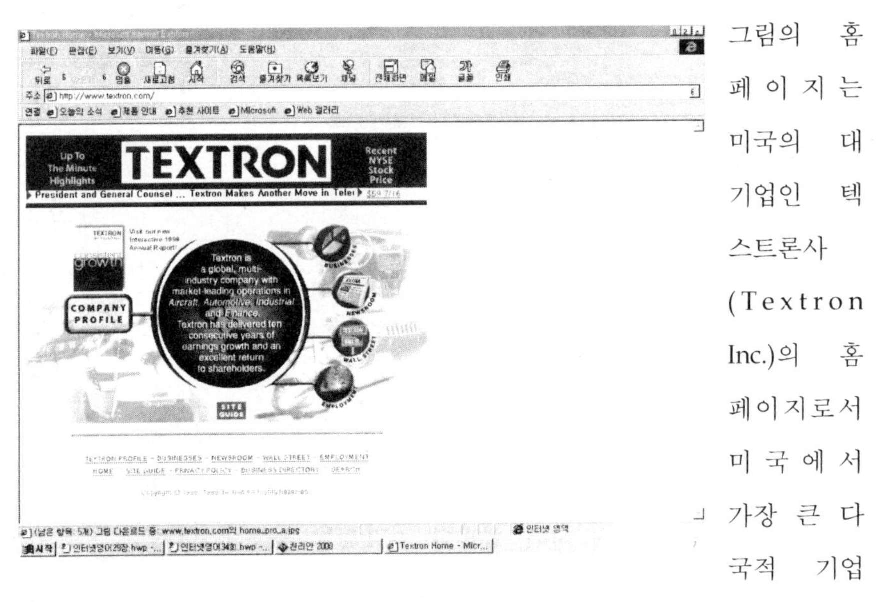

그림의 홈페이지는 미국의 대기업인 텍스트론사 (Textron Inc.)의 홈페이지로서 미국에서 가장 큰 다국적 기업중의 하나(America's one of largest multi-industry con ies)입니다. 또한 텍스트론은 포춘지 선정 미국에서 가장 큰 500대 기 중 144위에 올라있습니다. (Textron ranks 144th on the FORTUNE 0 list of largest U.S. companies)

계열사로는 벨 헬리곱터사(Bell Helicopter Textron) 텍스트론 오토모티브 (Textron Automotive Company; 자동차 부품회사는 일반적으로 오토모티브란 상호를 가지고 있습니다), 텍스트론 패스닝 시스템(Textron

Fastening Systems) 등을 가지고 있으며 이들 모두가 전세계에 지사가 있는 다국적기업이기도 합니다.

이외에도 세계의 수많은 다국적 기업들이 홈페이지를 운영하며 홍보, 마케팅 등에 활용하고 있으며 우리 나라 또한 이제는 대기업부터 중소기업까지 홈페이지를 가지지 않고 있는 회사가 없을 정도입니다.

이러한 웹사이트들은 서두에서도 언급한 것처럼 취업을 앞둔 취업준비생들 이거나 각 기업들의 마케팅 및 영업 등에 충분히 활용될 수 있는 좋은 자료들이므로 최근 음란정보 및 근거가 불분명한 정보들 속에서 진주를 캐낼 수 있는 좋은 보기가 될듯합니다.

7. 학습 / 진로

1) 인터넷속의 박물관

2) 내셔널 지오그래픽과 사이언스

3) 인터넷으로 취업하기

4) 해외여행과 유학을 인터넷으로

5) 인터넷속의 우주

1) 인터넷속의 박물관

http://www.louvre.fr/

그림의 홈페이지는 유명한 프랑스 루브르 박물관의 홈페이지입니다. 루브르궁은 약 800년전에 성채로 건립되었다가 이후 대대로 국왕들이 증축과 개축을 거듭하여 지금의 모습이 되었습니다.

오늘날 수많은 전시물들을 모아놓은 장본인은 다름 아닌 정복자 나폴레옹이었는데 나폴레옹은 이탈리아 이집트 등지에서 많은 미술품들을 가져와서 이 미술관들 꾸몄다고 합니다. 우리는 그 덕에 하루에 다 관람할 수 없을 만큼의 거대한 규모의 이 박물관을 볼 수 있게 된 거지요. 이 루브르 박물관은 고대 오리엔트, 고대이집트, 고대 그리스로마, 조각, 회화, 미술공예품 등으로 작품을 분류해서 전시하고 있는데 불행히도 과거에는 이들 전시물들을 보려면 직접 프랑스에 가볼 수밖에 없었지만은 오늘날은 인터넷의 발달로 그림으로나마 안방에서 감상할 수 있는 시대가 온 것입니다.

물론 관람객이 18세 이하이거나 오후 4시 이후에는 입장료가 무료라고 합니다만...

이외에도 많은 유명한 박물관이 있는데 그 중에서도 유명한 것이 대영박물관입니다.

history 역사

museum 박물관

city 도시,도회

citizen 시민

citizenship 시민권

civil 시민의

civic 도시의

country 시골,전원

countrified 촌스러운

countryfolk 시골 사람들

society 사회,공동체

social 사회의

sociable 사교적인

socialism 사회주의

sociology 사회학

community 지역사회

commune 교제하다

communism 공산주의

communist 공산주의자

urban 도시의

urbane 도시적인

urbanism 도시화

urbanize 도시화하다

urbanite 도시인

rural 시골의,전원의

ruralism 시골풍

ruralist 전원 생활주의자

ruralize 전원화하다

rurban 전원도시의

http://www.british-museum.ac.uk/

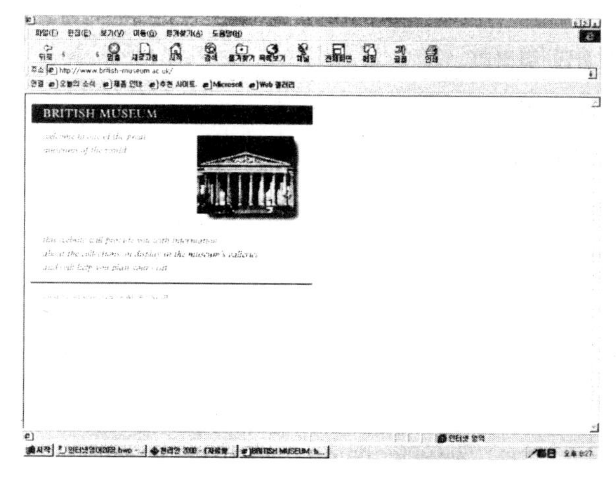

대영박물관 (The British Museum)은 1753년에 세워졌고 (founded in 1753) 이집트(Egypt) 서아시아(Western Asia) 그리스와 로마(Greece and Rome)등에서 온 세계적인 유명한 유물들(world-famous collections of antiquities) 뿐만 아니라 (as well as) 선사시대(Prehistoric), 중세(Medieval) 르네상스(Renaissance), 현대와 동양의 유물들 (Modern and Oriental collections)즉; 그림이나 동전, 메달들을 (Drawings; Coins, Medals) 수집하여 전시되고 있습니다.

총 650만점의 (six-and-a-half million objects)의 유물들이 전시되어 있다고 하니 놀라지 않을수 없습니다. 이러한 유물들 중에는 과거 우리 나라의 유물들도 있다고 하니..좀 씁쓸한 맛을 지울 수는 없습니다.

유물(遺物). Remains; relics; bequest; legacy.

유적(遺跡). Historical monuments; remains; ruins;

유산(遺産). Assets.—상속(相續) Succession to a property. 상속세(稅) Succession duty.—상속인 An heir to a property.

역사관련 추천사이트

102가지 시민혁명-hum.lss.wisc.edu/~hist102

사진으로 보는 일본 역사-www.photojpn.org

건축,건설,인테리어 디자인 http://www.interlog.com/~bhewlitt/index.html

세계의 예술품들 http://sgwww.epfl.ch/BERGER/

영국 왕실 아카데미와 국립 갤러리

http://cy-mac.welc.cam.ac.uk/art.html

예술 비평 잡지 http://www.uchicago.edu/u.scholarly/CritInq/

전통적인 인디언의 예술 http://www.atiin.com/indian_market/

패션디자인 http://www.magna.com.au/~slade/fashion.html

뉴질랜드의 자연환경과 마오리 종족

http://hyperg.tu-graz.ac.at:80/B404BE8C/CNew_Zealland

대영제국의 박물학 박물관 http://www.nhm.ac.uk

레오나르도 다빈치 박물관 http://www.leonardo.net/museum/main.html

룩셈부르크의 미술박물관 http://www.men.lu/~fumanti/LuxMusee.html

러시아 박물관 http://www.kiae.su/www/wtr/exhibits.html

르네상스 음악

http://www.ncsa.uiuc.edu/SDG/Experimental/vatican.exhibit/exhibit/exhibit.html

몬트리올박물관 http://www.interax.net/tcenter/tour/mba.html

버클리의 고생물학 박물관 http://ucmpl.berkeley.edu/subway.html

사진,동영상,사운드가 있는 해양사파리 박물관

http://oberon.edu.sfu.ca/splash.html

산디에고 철도박물관

http://www.globalinfo.com/noncomm/SDMRM/sdmrm.html

세계의 박물관 연결

http://www.comlab.ox.ac.uk/archiev/other/museum.html

스미스 소니언의 보석,광물 박물관

http://galaxy.einet.net/images/gems/gems-icons.html

안네 프랑크 박물관

http://www.cs.washington.edu/homes/tdnguyen/Anne_Frank.html

역사적인 예술품들의 박물관

http://gallery.siju.edu/ArtH/art-museum.html

이스라엘의 문화,예술 박물관 http://www.imj.org.i

이집트 고고학 관련 자료 박물관

http://www.memst.edu/egypt/main.html

대학살 관련 자료 박물관 http://www.ushmm.org/

카를로스 박물관 http://www.cc.emory.edu/CARLOS/carlos.htlm

컴퓨터 박물관 http://www.net.org/

2) 내셔널 지오그래픽과 사이언스

학창시절 리포터를 베껴서 내다가 교수님에게 들켜서 성적표에 총세례(?)를 받은 경험이 있다면 요즘 온갖 인터넷 데이터베이스를 뒤져서 몇 시간만에 논문 한권 분량을 뚝딱 만들어내서 모른척하고 제출하는 관행이 학생들 사이에서 널리 애용되고 있다는 이야기를 듣는다면 왠지 손해보고 있다는 생각을 감추지 못할 것입니다.

대표적인 학술관련 다큐멘터리 잡지로써 전세계 지식인들과 사진작가, 전문직 종사자, 학생, 일반인에 이르기까지 널리 애독되고 있는 내셔널 지오그래픽(National Geographic)을 빼놓을 수 없을 것입니다. 최근 한글판이 나와서 화제를 모으기도 했는데 자연과 인간에 대한 새로운 발견, 세상에 눈뜨는 경이로움, 탐험과 발견, 등을 담은 내셔널 지오그래픽은 1888년 '인류의 지리지식 확장을 위하여'라는 기치아래 설립된 내셔널 지오그래픽 협회(NG Society)의 학술지 형태로 창간된 이래 소수의 한정된 사람들만 지리지식을 독점해서는 안되며 이러한 지식을 많은 사람들이 공유해야 한다는 협회의 기본 방침에 따라 모든 사람을 위한 잡지로 발행되기 시작했습니다. 지금은 세계의 지리뿐만 아니라 자연, 인류, 문화, 역사, 고고학, 생태, 환경, 우주에 이르는 다양한 분야를 심도 있게 다루는 종합교양지로 창간 112년이 지난 오늘날까지 계속 발행되고 있습니다.

또한 미국 초/중/고등학교에서 학습 보조교재로 사용될 정도로 자연과 인류에 대한 다양한 정보를 담고있는 백과사전식 잡지이며 지구촌 곳곳의 숨겨진 모습을 사실 감 넘치는 사진으로 재현해내고 있습니다.

Map 지도

coast 해안,연안

bay 만,내포

ridge 산등성이

peak 산꼭대기

cliff 절벽

plateau 고원

plain 평원

hill 언덕

fountain 샘,분수

spa 광천,온천

cascade (작은)폭포

channel 해협,수로

flood 홍수

tide 조수

ebb 썰물

flow 밀물

surf (밀려드는)파도

breaker (부서지는)파도

ripple 잔잔한 물결

foam 거품,포말

wave 물결

roller 큰 파도

horizon 수평선,지평선

geography 지리학

geographic 지리학의,저리학에 관한

surge 큰 파도가 일다

marine 해양의

mariner 선원

tide 조수

tidal 조수의,추세

steep 험준한,가파른

steepen 가파르게 하다

avalanche (눈,토사,암석 따위의)사태

territory 영토,영역

territorial 영토의

territorialism 지주 제도

continent 대륙

continental 대륙의

peninsula 반도

peninsular 반도의

puddle (흙탕물의)웅덩이

puddly 웅덩이 같은

scene 장면,경치

scenery 경관,풍경

scenic 경치의

panorama 전경,장관

panoramic 파노라마의

horizon 수평선,지평선

horizontal 수평의

horizontal bar 철봉

earthquake 지진

ridge 산등성이,용마루

summit 정상,산꼭대기

typhoon 태풍

waterfall 폭포

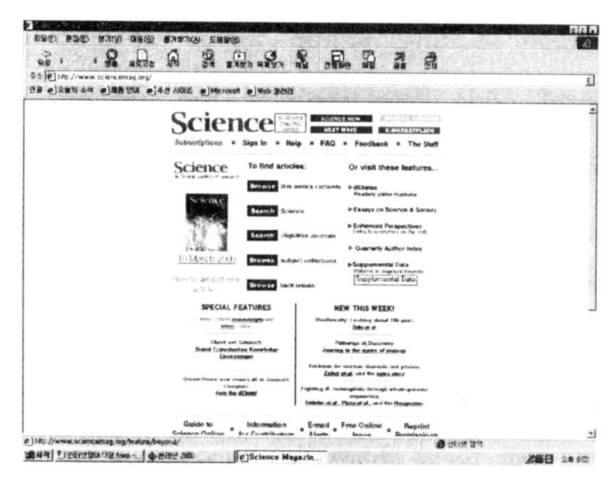

아래의 글은 세계적인 과학잡지인 SCIENCE를 소개하는 글인데 친절하게 해석까지 보실 수 있습니다.

영문 홈페이지를 읽을 때에는 부담을 가지지 마시고 모르는 단어가 나오더라도 그냥 skip(넘어가면서)하면서 그 내용상의 대략만 파악하시는 정도로 하시기 바랍니다.

Welcome to this brief guide to Science's World Wide Web site. Assuming you are new to some of our exciting services, the following is a list of the principle activities we have created online. If you are interested in any, please simply click on the hyperlinked titles. Or if you prefer, you can return to our home page and navigate from there.

사이언스의 월드와이드웹 사이트 가이드에 오신 것을 환영합니다. 신규 사용자임을 전제하여 사이언스가 지금까지 온라인을 통하여 구축 하여온 주요활동들의 리스트를 제시하오니, 관심이 있는 곳에서 하이퍼 링크된 타이틀을 누르십시오. 혹시 사용자께서 이미 선호하시는 리스트를 생각하셨다면 저희 홈페이지에서 시작하여 원하시는 정보를 찾을수 있습니다.

Science Online -- Each Thursday evening, as our journal goes into the mail, we post on the World Wide Web abstracts and full text of every scientific paper and summaries and full text of every news article from the following day's issue. In addition, we have archives of abstracts and summaries going back to May 1995 and are now archiving the full text as well. You can search by issue, by key word, and by author name. Until January 1997, all of this will be free to any visitor; thereafter, there will be a charge to subscribers for full text and special features such as searching back issues and ordering full text. If you have further questions, you may wish to click on Frequently Asked Questions.

Science On-Line -- 저희 저널이 전자우편을 통하여 송부되는 매주 목요일(미국시간기준) 저녁에는 모든 과학 논문의 초록과 전문, 다음날부터 이슈화되는 모든 뉴스 아티클의 요약문과 전문이 웹을 통하여 송부됩니다. 덧붙여서 저희는 1995년 5월까지의 초록과 요약문들을 집적하고 있으며 전문 역시 현재 집적중입니다. 사용자께서는 이슈, 키워드, 저자명 등을 이용하여 검색할 수 있습니다. 1997년 1월까지는 이러한 서비스가 사용자에게 무료로 제공될 것입니다. : 이후부터는 전문과 전문의 구입, 백이슈의 검색과· 같은 특별한 수요에 대하여는 가입자들에게 비용이 부과될 예정입니다. 이용과 관련하여 추가의문이 있다면Frequently Asked Questions을 누르시길 바랍니다.

Beyond the Printed Page -- Every few weeks since we first went online, Science has enhanced the print version of a paper or news feature with some special on-line component. These have included additional data, audio and video enhancements of a given article, and questionnaires and even online discussion forums related to an article. You may visit the list of recent and archived special projects by clicking on the words beginning this paragraph.

Beyond the Printed Page -- 저희가 처음 온라인을 시작한 이후 거의 매주에 걸쳐 , 사이언스는 특별한 온라인 구성을 통하여 논문 또는 특선뉴스의 프린트 버전을 향상시켜 오고 있습니다. 여기에는 추가되는 정보, 오디오, 제공된 아티클의 비데오, 그리고 질문들 심지어 아티클과 관련한 온라인 토론 포럼까지 포함하고 있습니다. 이 단락의 시작단어인 Beyond the Printed Page를 누르면 최근과 그동안 집적된 특별 프로젝트 리스트를 만나볼 수 있습니다.

ScienceNOW -- Every day of the working week except holidays, the Science news team posts several 2-3 paragraph reports on breaking news of a research or science policy nature. These news items keep you in touch with events occurring anywhere in the world and in all scientific disciplines, thanks to the nearly 100 staff and freelance editors and writers working for Science in Washington, Cambridge, England, and across the globe. Please sample this brand new service and send us your comments.

ScienceNow --주말을 제외한 매일마다, 사이언스 뉴스팀은 연구 또는 과학정책소식을 포함한 브레이킹 뉴스를 2-3단락으로 구성된 수 개의 레포트를 전자메일로 송부합니다. 이러한 뉴스 아이템들은 사용자로 하여금 세계전역에 있는 모든 과학자들과의 접촉을 가능하게 합니다. 이를 위하여 거의 100명에 달하는 스탭과 프리랜스 편집자와 저자들이 워싱턴, 캠브리지, 잉글랜드 및 세계전역에서 사이언스를 위하여 활동하고 있습니다. 사용자께서는 이 시범 서비스를 사용하여 보시고 코멘트를 보내어 주시길 바랍니다.

Science's Next Wave -- Directed primarily at younger scientists and their mentors, this unique World Wide Web site was created in October 1995 and is now visited by thousands of scientists from every country each week. Here, undergraduates, graduate students, postdocs, and scientists in their first jobs get a wide array of career guidance from experts, role models, and their peers. There are continuous moderated forums on important science policy trends that will dictate the work and funding patterns of tomorrow's scientists, another series of forums in which role models discuss the virtues of career alternatives for those not wanting to continue to pursue the traditional path of academic research, and news reports from the field authored by young scientists themselves.

Beginning in February 1996, a forum of special interest to European young scientists was launched along with the first wave of young European correspondents to the Next Wave. And, in October 1996, a forum was mounted of special interest to young Asian scientists and the first cadre of young Asian news correspondents came on board. Eventually, there will be participants from scores of institutions the world over.

Science's Next Wave -- 주로 젊은 과학자들과 그들 지도자를 겨냥한 이 독특한 웹 사이트는 1995년 10월에 만들어졌으며 지금은 매주 각국으로부터 수천명의 과학자들이 방문하고 있습니다. 여기에는 학부생, 대학원생, 박사후 연수생들이 전문가, 역할모델, 그들의 동료로부터 광범위한 전문직업정보를 입수하고 있습니다. 여기에는 내일의 과학자에게 적용될 수 있는 연구 및 연구지원금 형태에 영향을 미치는 중요한 과학정책에 대한 적절한 포럼이 계속 운영되고 있습니다. 역할모델에서의 또다른 포럼들은 전통적인 아카데믹 연구방법이 계속되는 것을 부정하는 대상을 위하여 전문직업 대체의 실제적 구현을 논의하고 있으며 젊은 과학자 자신들이 구축하여가는 영역들로부터 획득되는 뉴스 레포터들을 논의하고 있습니다.

1996년 2월 유럽의 젊은 과학자들에게 특별한 관심을 유발하며 시작된 포럼은 젊은 유럽의 통신원들이Next Wave에 처음 제의를 하여 시작되었습니다. 그리고 1996년 10월, 이 포럼은 아시아의 젊은 과학자들에게 특별한 관심으로 다가섰으며 젊은 아시아의 통신원들이 운영의 중요한 부분이 되었습니다. 마침내, 전세계의 수십개의 연구소들로부터 참여자들이 운영에 참여하게 되었습니다.

Science's Professional Network -- Where can scientists find the most complete career information resource? Science Professional Network. This site provides scientists with comprehensive features to help them in every facet of their career including:

Completely searchable job listing database

Comprehensive listings of scientific meetings and announcements

Online career workshops

BioScience Career Fair information

Company profiles

Link to Science's Next Wave

Academic Connections, online science graduate school directory

Science's Professional Network -- 과학자들은 가장 필요로하는 전문직업 정보의 원천을 어느곳에서 찾을 수 있을까요? Science Professional Network 입니다. 이 사이트는 과학자들에게 아래의 과학 영역을 포함하는 광범위한 특별기사들을 과학자들에게 제공합니다.

구인 구직 리스트를 검색하는 데이터베이스

광범위한 과학 모임 및 발표 리스팅

온라인 캐리어 워크샵

생명과학 전문직업 급여정보

회사 프로파일

사이언스의 넥스트 웨이브 링크

아카데미 커넥션, 온라인 과학대학 디렉토리

Science's Electronic Product Marketplace -- Looking for just the right product for your lab? Then tap into Product-Link, the Advertiser Directory and other resources in Electronic Marketplace. On this Web page you can review product information from suppliers worldwide -- all in one place. You can also link to selected company's Web sites for additional product information. And be sure to take advantage of detailed product reviews, such as DNA Sequencing Software, found in Science Benchtop. Look for more new Electronic Marketplace services in the future.

Science's Electronic Product Marketplace -- 실험실에서 필요한 제품을 찾습니까? Electronic Marketplace의 프로덕트-링크, 어드바이저 디렉토리, 그리고 기타자원란을 이용하십시오. 이 페이지에서는 전세계의 공급자로부터 제공되는 제품정보들을 볼 수 있습니다.--이 페이지에서 모든것을 획득하십시오. 이밖에 추가로 필요한 제품정보경우 해당회사를 링크할 수 있습니다. 그리고 DNA염기서열관련 소프트웨어와 같은 경우 사이언스 벤치탑에서 발행하는 상세한 제품의 리뷰를 이용할 수 있습니다. 앞으로 보다 신선한 Eloctronic Marketplace를 기대합니다.

The AAAS Online -- Science's publisher, the American Association for the Advancement of Science, has its own home page with many projects in science policy, international relations, and education reform online.

The AAAS Online -- 사이언스의 출판자, 미국과학진흥협회(the American Association for the Advancement of Science),는 과학정책, 국제협력, 교육 온라인 개혁부문의 많은 프로젝트 정보를 구축한 자체 홈페이지를 운영하고 있습니다.

EurekAlert! -- Developed by the AAAS News & Information Office, this is a central Web site for the latest research advances in science, medicine, and technology. News releases are posted by universities, research institutes, government agencies, scientific organizations, and corporations around the world. A special password-protected section for science journalists offers embargoed information about upcoming reports in peer-reviewed journals (including Science) and at scientific meetings. Hypertext links offer access to numerous science-related resources useful to science journalists, public information officers, and the public.

EurekAlert! -- AAAS 뉴스와 정보 편집국에 의해 개발된, 이 페이지는 과학, 의학, 기술부문의 최신 연구진흥을 위한 중앙 웹 사이트입니다. 뉴스출판은 전세계의 대학, 연구기관, 정부기관, 과학기관, 회사들로부터 제공되고 있습니다. 과학 저널리스트들이 제공하는 정보의 경우 접근을 제한하는 패스워드체제를 선택함으로써 자세히 리뷰된 저널(사이언스 포함)에 가까운 레포트와 과학모임에서 발생하는 정보의 접근을 제한하였습니다. 하이퍼 텍스트링크에서는 과학 저널리스트들, 공공정보 담당자들, 공익에 유용한 수많은 과학 관련자원들의 접근이 가능합니다.

biology 생물

physics 물리

chemistry 화학

mathematics 수학

algebra 대수학

geometry 기하학

calculus 계산학(미적분)

home economics 가정

history 역사

geography 지리

square 정사각형

rectangle 직사각형

triangle 삼각형

cube 정육면체

pyramid 각뿔

cone 원뿔

cylinder 원기둥

sphere 구

circle 원

curve 곡선

straight line 직선

perpendicular line 수직선

parallel lines 평행선

diagonal 대각선

angle 각

base 밑변

center (원의)중심

circumference 원주

diameter 지름

radius 반지름

arc 호,원호

angle 각도

depth 깊이

height 높이

length 길이

oval 타원형

spiral 나선형

thick 두꺼운

width 폭,너비

real number 실수

rational number 유리수

natural number 자연수

integer 정수

even number 짝수

odd number 홀수

addition 덧셈

subtraction 뺄셈

multiplication 곱셈

division 나눗셈

대소등급 tiny<small<average<large<considerable<huge<vast

학습관련 웹사이트

에너지 효율-www.its-canada.com/reed

그림으로 보는 화학-chemlab.pc.maricopa.edu/periodic/periodic.html

네이처-www.nature.com

농림 한마당-www.agr.or.kr

뇌가 하는 일-aloha.net/~jms/brainuse.html

천문학-indy4.fdl.cc.mn.us/~jsk/stars/stareye.html

다이아몬드 비평-www.primenet.com/~diamonds/intromenu.html

돌의 세계-wings.buffalo.edu/academic/department/anthropology/lithics

란셋 의학 저널-www.thelancet.com

전세계 기상 정보-www.ncdc.noaa.gov/ol/climate/online/gsod.html

발명 네트워크-colitz.com/site/wachy.htm

버섯, 곰팡이-www.mykoweb.com

보석과 값비싼 돌-www.geology.wisc.edu/

보석 정보-wwww.gemstone.org

세계의 바위 예술-www.une.edu.au/~arch/rockar2.html

수정란 정보-visembryo.ucsf.edu

스카이&텔레스코프-www.skypub.com

스타트렉의 과학

-www.gsfc.nasa.gov/education/just_for_fun/startrek.html

습지 연구-www.eng.fiu.edu/evrglads

시카고 과학 박물관-www.msichicgo.org

신문의 과학 기사-www2.nas.edu/news/newshead.htm

신비의 동물 세계-www.disney.com/DisneyChannel/AmazingAnimals

심리학 네트-www.apa.org/psychnet

아르키메데스 프로젝트-www-csli.stanford.edu:80/arch/front97.html

아인슈타인 대 뉴튼-www.pbs.org/wgbh/pages/nova/einstein

악어 SITE-www.envirolink.org/oneworld/tales/crocs

어리석은 사고방식-www.neosoft.com/~kmac/sms/

연구개발 정보센터-www.kordic.re.kr

영화 속의 수학-world.std.com/~reinhold/mathmovies.html

옴니 매거진-www.omnimag.com

원-www.geocities.com/SoHo/3671

음악과 무드-www.contrib.andrew.cmu.edu/~maxb/Psych

우주과학자 칼 세이건-bornova.ege.edu.tr/~lyurga/sagan/main.html

인류의 기원-www.pro-am.com/origins

자연현상의 모순-athena.athenet.net/~jlinday/SciCop

잠-www.discovery.com/area/specials/sleep/sleep1.html

재미있는 과학 용어-www.ctrobins.com

재미있는 수학-www.mathsoft.com/asolve/constant/constant.html

정설을 재구성-medicine.wust.edu/~ysp/MSN/random.html

케빈의 삽엽충 홈페이지-www.ualberta.com/~kbrett/Trilobites.html

클로닝에 과한 특별 보고서

-www.newscientist.com/nsplus/insight/clone/clone.html

통계정보 시스템-nsohp.nso.go.kr

팬더 곰 일기-www.sandiegozoo.org/Zoo/panda_diary.html

호주의 해변-www.tip.net.au/~dfry/amanda

화산의 세계-volcaano.und.nodak.edu

화성 개척 정보-mpfwww.jpl.nasa.gov/default1.html

화학 원소 파인더-chemfinder.camsoft.com

히로시마 원폭의 세계-www.he.net/~sparker/cranes.html

3) 인터넷으로 취업하기

인터넷 검색 인기 사이트 순위를 보면 항상 상위권을 차지하는 것이 취업관련 사이트들입니다. 인터넷에 익숙한 세대들이 젊은 세대이기도 한 영향이지만 인터넷을 통하면 손쉽게 취업정보를 검색하고 이력서를 제출하고 면접을 거쳐 합격의 문을 통과하는 비법들을 알 수 있습니다.

IMF로 인해 화이트칼라 고급인력이 무더기로 쏟아져 나오면서 이른바 '헤드헌터' (Head Hunter)에 대한 관심이 고조되고 있습니다.

'헤드헌터' 란 원래 식인부족의 인간 사냥꾼을 뜻했지만 요즘은 기업체의 인력사냥꾼을 가리키는데 본격적인 헤드헌터의 활동이 시작된 것은 1988년경, 그러나 헤드헌터가 대중에게 알려진 것은 최근의 일입니다.

구직자와 기업을 연결하는 다리 역할을 하는 특수분야. 이들이 속해있는 곳이 바로 '서치 펌(Search Firm)'으로 화이트칼라 중심 고급인력이 소개 대상이라는 점에서 기존 유료 직업소개소와 다르며 헤드헌터들이 가장 큰 장점으로 내세우는 것은 '맞춤 채용'인데 많게는 10만명 가량의 인력 데이터베이스를 확보하고 기업이 원하는 부문에 최적의 인물을 추천합니다.
이런 헤드헌터들은 구직자들에게 더 없는 도우미로서의 역할을 해내고 있으며 특히 특정 분야에 대한 경험이 풍부한 사람들은 헤드헌터를 통해서 전직하는 것이 일종의 코스로 자리잡고 있습니다.
불과 얼마 전까지도 아침마다 조간신문을 들추며 각종 구인공고를 찾아 정성 들여 손으로 쓴 이력서를 우체국에 들락거리며 보내던 시대를 넘어서 인터넷으로 취업정보를 검색하고 이 메일로 자신의 이력서를 보내는 등 컴퓨터, 인터넷을 활용하지 않고는 그 동안 갈고 닦은 영어실력이나 성적표를 내보이기도 전에 취업기회조차 잡기 어려운 시대가 도래하였습니다.
현재 인터넷에는 다수의 포털사이트들이 취업관련정보를 제공중이며 그 외에도 전문 취업알선사이트들이 자리잡아가고 있습니다. 그중 가장 각광받고 있는 회사중의 하나가 바로 이 외국계기업 인데 외국계 기업이란 외국에 본사를 둔 다국적기업이 지사설립, 자본투자, 또는 합작법인등의 형태로 국내에 진출한 회사들을 일컫는 말로 현재 국내에는 5000여개 이상의 외국기업이 설립되어 운영되고 있는 것으로 알려져 있습니다.
정부의 개방화, 국제화 추세에 따라 향후 성장첨단산업인 전자, 통신, 컴퓨터(H/W & S/W), 반도체및 반도체 장비, 자동차, 우주항공산업, 기계, 화학, 환경산업, 신소재, 또한 금융보험및 기타 서비스업종 산업의 한국에 대한 투자가 활발하게 이루어지고 있으며, 이와 함께 국내기업들도 급변하는 국내외 경영환경에 효율적으로 대처키 위해 첨단산업을 중심으로 외국 선진기업과 합작투자나 기술제휴를 활발히 하고 있지요.
이런 외국계기업들은 속칭 외국인 회사로 불리면서 국내 기업보다 우수한 근무여건과 복지, 보수 등으로 인해 취업선호기업으로 인식되어지고 있다. 외국계기업에 대한 보다 많은 정보를 접하고자 하면 해당 회사홈페이지나 헤드헌터의 홈페이지들을 방문하면 됩니다.

Occupation 직업
accountant 회계사
baker 제빵사
carpenter 목수
cashier 출납원
cook 요리사
hairdresser 미용사
barber 이발사
bricklayer 벽돌공
plumber 연관공
fire fighter 소방수
butcher 푸줏간
veterinarian 수의사
mechanic 기계공
architect 건축가
electrician 전기공
journalist 신문기자
official 공무원
mayor 시장
professor 교수
statesman 정치가
actor,actress 배우
designer 디자이너
engineer 기술자
photographer 사진 작가
typist 타이피스트

salesperson 판매원
profession 전문직업
professional 전문의,전문가
professionalize 전문화하다
job,occupation,
calling,vocation 직업

또한 외국계기업 외에도 새로이 각광을 받고 있는 새로운 분야중의 하나가 해외취업인데 이미 IT관련 분야에서 상당수는 이미 외국에서 Job을 구해서 활동하고 있으며 해외취업률도 이전보다는 많이 증가하고 있는 실정입니다. 그러나 아직도 미국회사 또는 호주 회사에서 한국인이 차지하는 비율은 인도나 중국 등 다른 아시아 국가와 비교해 볼 때 거의 제로에 가까운 수치라고 합니다. 그러므로 해외취업이야말로 젊은이들이 도전해 볼만한 꿈이라고 할수 있겠습니다.
해외취업을 하게되면 비교적 짧은 기간동안 상당한 돈도 모을 수 있고 동시에 영어도 배울 수 있으며 특히 미국의 경우 자녀 교육에도 미국만의 창의적인 교육환경을 접할 수 있는 등 많은 장점이 있으며 또한 장기간 근무시 미국에서 영주권을 얻고 Green Card(영주권)를 취득할 수 있습니다.
무엇보다 Career면에서도 미국적인 자유스런 풍토에서 한국과는 달리 좋은 환경에서 근무하며 많은 것을 배울 수 있습니다.
해외로부터 인력을 채용하는 미국회사들의 대부분이 Head Hunting Company거나 Recruiting Company이며 Head Hunting 회사들은 한 마디로 말해서 직업소개소와 비슷하다 할수 있습니다. 실제로 Head hunting회사에서는 국내에서와 마찬가지로 채용을 하는 것이 아니라 고객이 원하는 사람을 찾아 소개시켜주고 소개료를 받는 것이다. 비자를

Sponsor해주고 채용하는 회사는 다른 회사가 되는 것입니다.

Recruiting 회사는 우리가 알고 있는 컨설팅회사와 같은데 해외에서 인력을 직원으로 채용한후 Client Site에 파견해서 돈을 버는 회사를 말합니다.

Client site에 파견되지 않는 기간을 Bench time이라고 하는데 이기간에도 급료는 지불이 되나 이 기간이 길어지면 Lay off 대상이 되기도 합니다.

현행법에는 해외취업알선은 노동부에 정식으로 허가 받은 업체에서만 할 수 있게 되어 있지만 실상은 알 게 모르게 기존의 헤드헌터와 이주공사 등에서도 하고 있습니다. 해외 취업의 형태는 미국이나 캐나다의 IT Staffing 또는 드물기는 하지만 SI업체가 국내알선업체나 현지 재미교포가 운영하는 컨설팅회사와 연계하여 일을 추진하는 형태가 일반적입니다. 또한 다른 방법으로 고용할 회사와 직접 접촉하는 방법이 있는데 그 만큼 지원자의 영어나 기술능력이 뛰어나야 되는 것도 그렇고 해당회사에 대한 정보부재로 인해 이상한 회사에 갈 수도 있으니 신중을 요합니다.

해외로부터 인력을 채용하는 대부분의 회사는 IT Staffing회사(consulting 회사)로서 client에게 전문인력을 공급해주고 돈을 버는 회사입니다. 고급인력을 쉽게 확보할 수 있는 방법으로 해외로부터 인력을 채용한다. 미국내에 IT staffing 회사가 무수히 많지만 해외인력을 채용을 하는 회사는 그리 많지 않고 규모 면에서 중간 이상이라고 볼수 있습니다. 미국내 IT관련 인력난이 계속되는 동안에는 해외채용이 계속된다고 볼 수 있습니다.

일단 해외 취업관련 유명 Job Site에 자신의 Resume을 올려놓으면 리쿠르터나 구인을 하는 회사에서 보고 연락을 해옵니다.

실제로 회사에 대한 자세한 정보를 얻으려면 홈페이지를 방문해 보거나

주식상장 여부나 주가 정보를 조회해 보면 됩니다

employ 고용하다

employer 고용주

employee 피고용인

hire 돈을 지불하고 서비스를 독점하다

engage (계약으로)고용하다

resign 사임하다

resignation 사직,체념

resigned 사임한

retire 퇴직하다

retirement 퇴직

wage (노동에 대한)임금,급료

wageless 무급의

wage claim 임금 인상 요구

salary 정기적으로 지급되는 봉급

fee 전문적인 일에 지불되는 보수

dismiss 해고하다

dismissal 해고

dismissive 오만한,경멸적인

allowance 수당,용돈

cease 그만두다

quit (직장)떠나다

discharge 해고하다,면직시키다

4) 해외여행과 유학을 인터넷으로

과거 해외여행이나 해외유학 (study abroading)등을 준비하려면 여행사나 대행업체(agency)에 비싼 수수료(commission)를 물면서도 오랜 기간 대기해야하는 불편함이 있었지만, 이젠 인터넷의 등장으로 본인 스스로 안방에서 여행전반에 관한 모든 사항을 처리하고 준비할 수 있는 시대가 왔습니다.

www.truetrip.com

흔히들 여행을 할 때에 가장 큰 문제는 역시 금전적인 문제입니다. 여행경비를 얼마나 절약하느냐에 따라 보다 많은 나라를 여행하며 좋은 경험들을 쌓을 수 있을테니깐요. 뭐 세간에 화제로 떠오른 한비야씨처럼 걸어서 세계여행을 하는 것도 더 좋은 방법인지도 모릅니다.

인터넷상의 많은 사이트들이 여행 중에 필요한 여러 가지 요소등 예를 들면 출국 절차, 출발 준비시 필요한 각종 서류와 항공권 기타의 장비, 여권의 신청과 발급 절차, 현지에서의 숙소, 현지에서 현지인과 의 교류 등에 관한 tip을 전하고 있습니다.
그러나 최근 한국인들이 중국이나 기타 아시아권을 여행할 때 현지인들에게 과소비와 과시욕 등으로 위화감을 불러일으키는 등 상대방을 먼저 생각하는 예절을 등한시하고 있다고 합니다. 우리가 가는 관광지는 우리 뿐만이 아니라 다른 나라 그리고 현지인등 각국의 사람이 모이는 장소이므로 길을 갈 때나 행동할 때 서로 부딪치고 엉키고 하는 경우가 많은데 이때는 간단히 미안하다는 말을 하고 한국말도 큰소리치는 일은 없어야 할 것입니다. 또한 여행 시에는 현금대신 여행자수표를 활용하는 지혜도 필요할 것입니다.

Vacation 휴가
beach 해변
coast 해안, 연안
cruise 항해
cuisine (어떤 호텔. 집등의 특유한)요리(법)
crystal-clear 아주 맑은
explore 탐험하다
foreign currency 외화
palm 야자, 종려
picturesque 그림같은
resort 휴향지
scenery 풍경, 경치
sightseeing 관광
spa 온천
spectacular 볼만한
sunbathing 일광욕
view 전망

visa 사증

casino

earth 육지

continent 대륙

ocean 해양

sea 바다

gulf 만

longitude 경도

latitude 위도

equator 적도

South Pole 남극

North Pole 북극

www.oxford.ac.uk

최근의 영어공부열풍과 더불어 한국학생들의 해외연수나 유학도 증가하고 있는 실태입니다. 미국이나 영국, 캐나다 등의 명문대학부터 일본이나 중국으로까지 그 유학대상국도 확대해가고

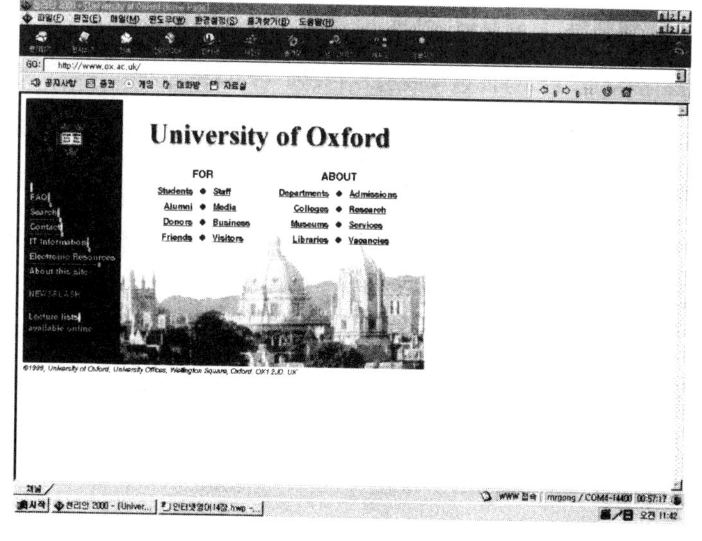

있는 상황이죠.
인터넷을 통해서는 이런 학생들의 해외유학을 스스로의 힘으로 할 수 있도록 많은 웹사이트들이 도우미역할을 하고 그림과 같이 현지의 대학들의 홈페이지 등을 통해서도 정보를 수집하고 필요한 절차를 혼자서 해결할 수 있습니다. 가령 미국에서는 정식 유학 비자를 가지고 유학하는 방법 외에도 비유학 비자를 가지고 유학 비자로 바꿔서 유학하는 방법이 있습니다. 6개월 이상의 방문 비자를 가지고 유학 비자로 바꾸는 방법이 있지요. 이런 경우 유학 비자를 받을 수 있는 학교에서 가능하며 영어 컴퓨터 기술학교, 할리우드 특수 분장학교, ART MAKE-UP 학교, 디자인 학교, 미용 기술학교 등이 예라고 할 수 있지요.
만약 일정 기간 동안 연수를 목적으로 하시는 분들은 대학에서 I-20 를 받을 필요 없이 작은 영어 학원에서 I-20 를 받는 것이 좋습니다. I-20 를 발행할 수 있는 학교는 주정부에서 교육 수준을 이미 인정받은 학교이기 때문에 어학연수에는 전혀 무리가 없습니다.
또한 대부분의 작은 규모의 학교들은 방문 비자를 유학 비자로 바꾸는 서류 작업 일체를 대행하기 때문에 쉽게 비자를 받을 수 있습니다.
아울러 현지에서 취득한 비자와 한국에서 취득한 비자와의 차이점 및 학비 조달 방법, 미국생활에 꼭 필요한 정보들인 사회보장번호(Social Security Number), 운전면허증, 은행구좌와 Credit, 생활비, 각 종 세금(Utility Tax), 병원비, 차 구입 방법 등에 관한 것도 반드시 확인하고 넘어가야 할 것입니다.

nursery school 유아원
kindergarten 유치원
elementary school 초등 학교
middle school 중학교

high school 고등 학교

college 대학,(단과)대학

university (종합)대학

classroom

language lab 어학 실습실

chemistry lab 화학 실험실

principal's office 교장실

guidance office 상담실

nurse's office 양호실

gymnasium 체육실

auditorium 강당

cafeteria 매점,교내 식당

locker 사물함

school counselor 상담 교사

staff room 교무실

grade 학년

freshman 1학년

sophomore 2학년

junior 3학년

senior 4학년

undergraduate 학부생(대학 재학생)

graduate 대학원생,대학 졸업생

bachelor 학사

master 석사

doctor 박사

tuition(fee) 수업료

scholarship 장학금

semester (1년 2등분)학기

term (1년 3등분)학기

quarter (1년 4등분)학기

session (구분없이)학기

transcript 성적 증명서

certificate 졸업 증명서

diploma (대학)졸업 증서

educate 교육하다

education 교육

educated 교육받은

enlightenment 교육에 의한 식견,이해력,개안

instruct 가르치다,교육하다

instruction 교육,지식

instructive 교육적인

train 습관,지력,체력 등을 익힐 수 있도록 기술적 훈련을 시키다

discipline 훈련의 목적으로 규율,자기억제,정확성이 강조됨

curriculum 교육(교과)과정

curricular 교육과정의

extracurricular 교육 과정 외의

여행관련 추천 사이트

AIRSAFE-airsafe.com

HOME EXCHANGE-www.homeexchange.com

가상 중국 관광-china.utopia.com

가지 말아야 할 곳-www.fieldingtravel.com/dp

갈라파고스와 남극-www.terraquest.com/galapagos

강원도 종합안내시스템-www.provin.kangwon.kr/tour/tour.htm

그린랜드 가이드-www.unesco.org/whc

기차 여행 가이드-www.mindspring.com/~n9giv/trlmain.htm

나무가 만들어내는 색-www.cable4fun.com/links/fallc.htm

네팔의 모든 것-www.info-nepal.com/homepage

라스베가스-www.gardrock.com

마제스틱 선상 크루즈-www.asource.com/majesty

멕시코의 화산 정보-www.mexdesco.com

모험가를 위한 오지 안내-www.mtsobek.com/

미국 서부의 오지들-www.adventurewest.com/

베트남 관광기-members.aol.com/chaudoc

빅토리아 나일-www.adventureonline.com/nile

사고기에서 탈출하는 방법-www.usastar.com

섬 여행 가이드-www.arctic.is

성을 찾아서-www.jellico.com/doker/castles.htm

세계 각국 이벤트 찾기-www.eventseeker.com

세계 도시 정보-www.city.net/

세계 여행 가이드-www.wtgonline.com

세계의 국가정보-www.emulateme.com

세계의 시간표-www.ping.be/~ping7903/timez.htm

세다포인트 환상공원-www.cedarpoint.com

실크로드 횡단-www.boojumx.com

싱가포르 에어라인-www.singaporeair.com

아테보-www.atevo.com

여권 정보-www.americanpassport.com/we_expedite.htm

여행과 레저-www.travelandleisure.com

유럽 여행 가이드-www.users.globalnet.co.uk/~jcculb/holiday.htm

자전거 여행을 떠나자-www.nicom.com/%7Egeorgef/access

제주 관광종합 정보시스템

-203.251.15.66/ctis/owa/ctishome?para lang=KOR

주말을 어떻게 보낼 것인가?-www.quando.com/quando

중국기행-www.chinavista.com

지도 보기－www.maps.com

출장여행 가이드－www.biztravel.com/V4/newhome.cfm

캐나다 국립공원－parkscanada.pch.gc.ca

타임아웃 세계 도시 가이드(각 도시의 문화 정보)－www.timeout.co.uk

트래블로시티－www.travelocity.com

플라이 스마트－www.tc.faa.gov/zdv/safety/flysmart.html

호주 대탐사－www.world.net/aussietours/

호텔대신 아파트를 빌리자－www.globaltrvlapt.com

관광사 디렉토리－www.mbnet.mb.ca/lucas/travel/tourism－offices.html

'21st Century Adventure'사의 어드벤처 여행 잡지

http://www.10e－design.com/centadv/

WHO(세계보건기구)의 여행 정보 http://www.who.ch

덴마크,노르웨이,독일,영국 여행 http://www.colorline.no

동남아여행을 위한 호텔 가이드

http://www.asiatrade.com/Travel－leisure/index.html

라스베가스 여행 http://www.vegas.com/

멕시코의 마야문명 탐사

http://www.wotw.com/wow/mexico/mexico.html

바다여행으로 유명한 SeaEscape

http://www.owplaza.com/se/seindex.html

베니스를 비롯한 이탈리아 여행 http://www.webcom.com/~italys/

비즈니스 여행자를 위한 페이지 http://www.biztravel.com/guide/

비행시간과 티켓정보 http://teleportal.com

스쿠버다이빙 http://www.islandream.com/island/index/html

아일랜드 여행 http://www.iol.ie/~discover/welcome.htm

아프리카 여행 http://www.best.com/~travelw/africa.htm

알래스카 여행 http://www.Alaska－Online.com/travel

여행목적지에 따른 여행사 http://www.webcom.com/~travel

오스트레일리아 여행 http://life.anu.edu.au/education/austrlia.html

웹을 통한 뉴욕시의 가상 여행 http://www.webcom.com/~netscape

웹을 통한 세계 여행 http://www.multitasking.com/travel/

윈드서핑 여행

http://www.sccsi.com/Club_Mistral/welcome.htmlINTERNET

최대의 여행 호스트 http://www.travelsource.com

전세계의 날씨 http://www.intellicast.com/

전세계의 호텔 참조 페이지 http://www.digimark.net/dundas/hotels/

전세계 항공회사들에 대한 정보

http://nyx10.cs.du.edu:8001/~deharris/aerolist.html

지역,나라,도시에 따른 여행 가이드

http://gnn.interpath.net/gnn/meta/travel/index.html

카리브해 여행 http://mrlxp2.mrl.uiuc.edu/~stuart/caribbean.html

터키,그리스,이집트 여행

http://edumall.com/edumall/learning/travellearn.html

특별하고 이상한 휴가여행 http://www.adventuretravel.com/ats

플로리다 여행 http://www.gate.net/~jbesedic/default.html

하와이 여행 http://www.at-hawaii.com

학생과 젊은이를 위한 세계여행 http://www.sta-travel-group.com

항공노선의 소개와 표의 예매

http://hass.berkeley.edu/~seidel/airline.html

호텔,여관 정보 http://www.kcom.com/travel/main.html

히말라야,타이,아프리카 여행 http://www.netpart.com/che/brochure.html

5) 인터넷 속의 우주

어릴 적 먼 하늘의 별들을 보며 꿈에 잠겼던 추억을 가진 성인들이라면 오늘날 심각한 환경오염으로 인해 하늘의 별을 쳐다보기 힘든 현실이 무척이나 갑갑하게 느껴질진 모르지만 인터넷에서나마 이들 별자리(Constellation)를 볼 수 있다는 건 그나마 다행이 아닐까 생각합니다.

spacious cosmos(광대한 우주)를 보면서 astronomy(천문학)이나 astrometry(천체 측정학)을 연구하는 astronomer(천문학자)가 되거나 cosmic fog(성운)와 space(우주공간)사이를 spaceship(우주선)을 타고 날아 다니는 astronaut(우주비행사)가 되는 꿈도 꾸고 astrology(점성술)을 공부할 수도 있겠지요

cosmology 우주론,우주 철학

cosmologist 우주론자

cosmic 우주의

spaceman=astronaut 우주비행사

solar 태양의

solar calendar (태)양력

solar heat 태양열

solarium 일광욕실, 해시계

solar energy 태양 에너지

lunar 달의

lunar calendar 달력

moony 달빛의. 달 모양의

full moon 보름달

crescent 초승달

revolve 돌다,공전하다

revolution 공전
rotate (축을 중심으로)돌다
whirl 소용돌이치다
spin 회전하다
turn (일반적으로)돌다

밤하늘의 별자리에는 수많은 이야기가 숨겨져 있습니다. 별자리란 밤하늘의 행성(Planet)을 몇 개씩 이어 여러 형태의 무더기로 나누어, 그 형태에 동물, 물건 신화 속의 인물 등의 이름을 붙여 부른 것을 말하며 성좌(星座)라고도 합니다. 약 5,000전 바빌로니아, 즉 현재 이라크 지방에 해당되는 티그라스와 유프라테스의 두강 유역에서 살던 카르데아 사람들이 양떼를 지키면서 밤하늘의 별들을 형태나 보이는 방향에 특별한 관심을 가진 데서 유래하였습니다.
그후 그리스 신화 속의 신이나 인물 · 동물들이 더해지게 되었다. 즉, 세페우스 · 카시오페아 · 안드로메다 · 페르세우스 · 큰곰 · 작은곰 등의 별자리가 이에 해당됩니다.
별자리를 이야기할때면 빠질수 없는것이 고대 그리스 로마의 신화 이야기인데 제가 젤 좋아하는 오리온자리의 이야기를 살펴보자면 마음 아픈 설화가 담겨 있습니다. 고대 그리스의 신화 세계에 아틀라스와 플레이오네 사이에 난 일곱 딸들은 달의 여신 아르테미스를 섬기고 있었는데 어느 날, 숲에서 놀고 있자 사냥꾼 오리온이 장난을 치며 쫓아왔습니다. 도망을 치면서 처녀들은, 제우스에게 도움을 구했는데 제우스는 자매들을 비둘기로 변신시켜 하늘로 도망치게 해 주었습니다. 비둘기는 높이 날아 별들 사이로 사라져가서 이것이 플레이아데스 성단이 되었습니다.
7명의 이름은 마이아 · 아스트로페 · 메로페 · 엘렉트라 · 타이게타 · 케레노 · 알키오네 인데 이 가운데 엘렉트라는 혜성이 되어 어디론가 가버려

플레이아데스 성단이 파르스름하게 번지는 것은 나머지 여섯 처녀들이 엘렉트라를 그리며 울고 있기 때문이라고 합니다.

celestial 하늘의, 천상의

galaxy 은하수 the Milky Way라고도 함

star 별, 항성

constellation 성좌.별자리

Big Dipper 북두칠성

Zodiac (12궁도)

Pisces 물고기좌

Scorpio 전갈좌

Capricorn 염소좌

Libra 천칭좌

Taurus 황소좌

Leo 사자좌

Virgo 처녀좌

Aries 목양좌

Sagittarius 궁수좌

Gemini 쌍둥이좌

Aquarius 물병좌

Cancer 게좌

www.space-explorers.org

그림의 ASE(Association of Space Explorers)의 홈페이지는 물론 많은 웹 사이트들이 우주와 수많은 별들에 관한 이모저모를 다루고 있습니다.

The Solar System 태양계

moon 달

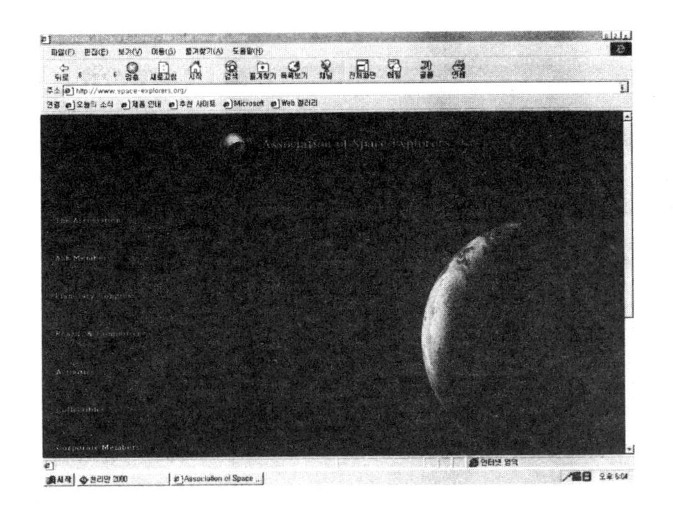

planet 행성

solar eclipse 일식

lunar eclipse 월식

meteor 유성 (shooting star)

comet 혜성

asteroid 소행성

orbit (천체의)궤도

sun 태양

Mercury 수성

venus 금성

Earth 지구

Mars 화성

Jupiter 목성

Saturn 토성

Uranus 천왕성

Neptune 해왕성

Pluto 명왕성

www.nasa.gov

우주탐사를 이야기할때 빠질 수 없는 곳이 NASA입니다. NASA는 1958년 10월 1일 대통령 직속기관으로 발족하여 출범 당시 NASA의 직원은 8천명이었고, 연간예산은 1억달러. 1999년도 NASA의 직원은 약 20만명(정규직은 약 2만명), 예산은 135억달러에 달했습니다.

최근 미국의 패스파인더 화성 탐사가 성공함으로써 각국의 화성탐사 활동이 부쩍 활기를 띌 것으로 보입니다. 물론 화성탐사에 가장 열심인 나라는 단연 미국입니다. 이번 패스파인더 탐사 성공에 고무받은 미국은 적어도 2000년대 초반에 화성(Mars)의 토양을 지구로 가져오기 위한 원대한 포부를 펼치고 있습니다. 일본항공우주과학연구소(ISAS)는 화성 환경을 연구하기 위해 화성탐사 인공위성을 쏘아 올릴 예정이다. 그러나 미국과 함께 우주개발의 선두주자였던 러시아는 경제난 등으로 21세기 이후에나 화성 탐사를 재개할 것 같습니다.

Spacecraft (우주선)

space station 우주 정류장

orbiter (궤도에 오른)위성

artificial satellite 인공 위성

space probe 우주 탐색기

communication satellite 통신 위성

meteorological satellite 기상 위성

launch pad 발사대

space shuttle 우주 왕복선

booster rocket 발사용 로켓

mission control 우주(비행)관제소

mission controller 관제관

우주와 천체관련 추천사이트

3D 로봇-telerobot.mech.uwa.edu.au

CNN 과학 섹션-www.cnn.com/TECH

DINOSAURIA ON-LINE-www.dinosauria.com

EXN네트워크-exn.net

MSNBC 테크놀러지-www.msnbc.com/news/tech_front.asp

PBS 온라인 사이언스-www.pbs.org/science

SEA WEB-www.seaweb.org

WHY?--whyflies.new.wisc.edu

가상 SPACE SHIP1을 타고 화성으로

-fi-www.arc.nasa.gov/fia/projects/bayes-group/atlas/mars/vsc/views/

경기용 로봇-www.robotwars.com

고생물학 정보-members.aol.com/fostrak/kpaleo.htm

고생물 화석정보-www.lam.mus.ca.us/page/exhibits/fossils

곰팡이 정보-www.keil.ukans.edu/%7efungi

공룡백과-www.dinosauria.com/dml/dmlf.htm

과학자들의 사생활-whyfiles.news.wisc.edu

NASA의 우주과학에 대한 데이터 http://ndadsb.gsfc.nasa.gov:80/

NASA의 천체 물리학 페이지

http://sunsite.unc.edu:80/home/fullton/hypertext/nasa.html곤충

의 슬라이드 http://www.colostate.edu/Depts/Entomology/ent.html

과학에 관련된 최고의 페이지를 모아둔 곳

http://www.geopages.com/WallStreet/1304

과학의 역사와 학술 잡지

http://nearnet.gnn.com:80/wic/histsci.toc.html

러시아 과학아카데미의 고생물학 http://ucmpl.berkeley.edu/pin.html

멀티미디어 공상과학잡지-Axxon

http://axxon.fcaglp.unlp.edu.ar/axxon.html

메사츄세츠 공대의 컴퓨터과학

http://webserver.cogsci.umassd.edu/welcome.html

물리학의 주요 분야와 법칙

http://www.physics.mcgill.ca/physics-services/

미네소타 대학의 기하학 http://www.geom.umn.edu

천체 망원경을 통한 이미지 http://stsci.edu/top.html

캘리포니아 공대 지질학 http://www.gps.caltech.edu:80/

해양과학 멀티미디어 백과사전 http://www.wolfe.net/~aristot/

환경오염에 따른 생태계 파괴와 건강

http://www.ciesin.org/thematic/thematic-home.html

8. 사회

1) 인터넷의 性

2) 채팅

3) NETAHOLICS

1) 인터넷 속의 성(sex)

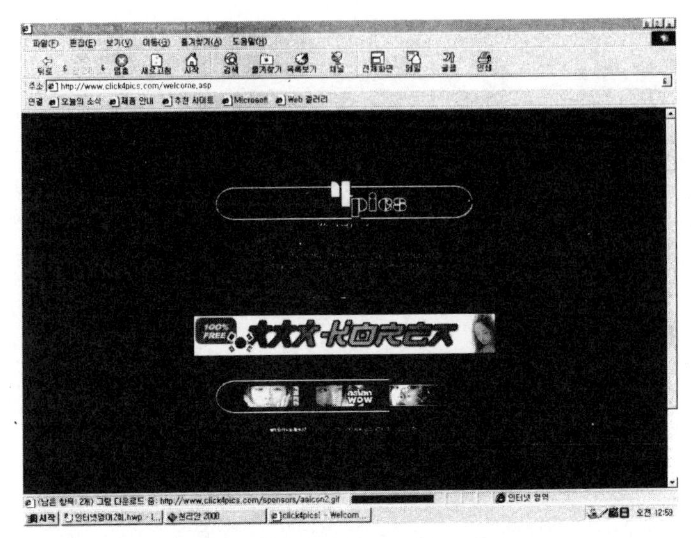

아마도 프로이드의 말처럼 인간은 "성(Sex)"과는 떼어도 뗄 수 없는 사이인 것 같습니다. 성을 다루기에는 좀 그렇지만, 배설이나 식욕처럼 인간의 본능이기 때문에 피하지 못할 숙명처럼 인생의 한 부분을 차지합니다. 아마 남자라면 사춘기때 "선데이 서울" 류의 성인 잡지를 보지 않았다고 하면 조금 비 정상적일 정도로 우리사회의 성을 금지시하는 풍토는 성을 음지로 밀어버린 것 같습니다.

Internet을 검색할 때 가장 많이 검색되는 단어(Word)가 "sex"라는 사실은 이를 반영해 줍니다. 호기심을 규제 없는 가상공간에서 펼치는 거지요. 그러나 "sex"를 검색하면 실망스럽게도 일반인들이 바라는 그런 음란물보다는 성에 대한 사회학이나 의학적인 글이나 SITE가 나옵니다. 성인물을 원할 때는 다름 아닌 "adult(성인, 어른)"라는 검색어가 제일입니다. 말그대로 성인이라는 뜻이지요. 현재 Internet 사용량은 100일마다 배로 늘어나며 그 상거래는 2002년부터 3천억 달러 우리 돈으로 390조원을 넘어설 전망입니다. 이런 형상에는 Internet 지하세계의 음란 Site가 엄청난 일익을 담당하고 있습니다.

거의 전세계 곳곳에서 이런 음란 SITE는 허름한 사무실과 작업실에서 만들어지고 있습니다. 아주 유명한 음란물 Site인 세쓰 와샤프스키의 '사이버공장' 은 가입비 25달러로 각종 동영상과 사진을 제공하면서 연매출 2천만달러를 기록하였습니다. 이것은 웬만한 인기 검색엔진과 비교해 보아도 전혀 적지 않고 오히려 순수익 면에서는 천문학적인 돈을 거머쥐고 있는 실정입니다. 한글판 서비스를 제공하는 외국의 기업형 포르노사이트가 최근 급속도로 늘고 있습니다. 사이버 세계를 통한 무차별 포르노 공습이 시작된 것이지요. 이들 포르노 사이트는 매달 일정 요금만 신용카드로 결재하면 '모든 것' 을 원없이 보여줍니다.

또한 영어를 모르는 네티즌들을 위해 몇몇 포르노 사이트들이 '한국어' 서비스를 시도하기 시작했습니다. 해외 여행자유화 이후 동남아 상가에 나붙어 있는 '어서 오십시오' 라는 한글 간판과 같은 꼴이 되어버렸지요. 미국 최대 포르노 사이트 업체중 하나인 'Sex Museum' (섹스 박물관: 말 그대로 성에 관한 적나라한 내용을 모두 포함하기 때문에 붙여진 이름)사는 불어, 독어, 일어, 스페인어 등에 이어 '섹스 박물관' 이란 타이틀로 한국어 서비스를 내보내고 있습니다. '섹시한 여성들이 밤낮으로 원하는 섹스장면을 보여준다' '최신 포르노 가득 준비돼 있다' 라는 한국어 문구들과 함께 말이죠. 더구나 요즘에는 버젓이 국내에서 제작되는 성인사이트들도 등장하여 접속 인기 순위 안에 오르는 등 정말 문제가 아닐 수 없습니다.

또 다른 검색어 "hentai"

앞에서와 같이 "adult"로 성인사이트를 검색하다 보면"hentai"라는 이상한 단어가 많이 나옵니다. 보통 누구누구의 hentai site라고 되어 있지요. 그래서 들어가 보면 온통 성인만화 일색입니다. 그러나 hentai라는 말은

실은 일본어입니다. 한자로 變態(변태:이상성욕자)라는아주 야한 뜻이지요. 이는 성인용 음란만화를 지칭하는 것입니다. 안좋은 단어는 다 일본어인 것 같군요.

(미국인들의 멸시감을 엿볼 수 있습니다)

또한 hardcore라는 단어도 자주 볼 수 있는데 이는 극도로 노골적인 포르노를 일컫는 말입니다.

최근에 들어서는 tv에 인기리에 방연되던 만화영화 등도 모두 성인만화로 바꾸어서 Internet에서 유통시키는 사례가 빈번합니다. 대표적인 예로서 '세일러 문' 이나 '란마 1/2' 심지어 '슈퍼맨' 배트맨' 까지 등장하고 있습니다. 온갖 Nudity (벌거숭이, 그림으로는 나체화를 가리킵니다)들로 가득차서 말이지요. 정말 낯 뜨거워지는군요.

또한 인터넷에는 비정상적인 BI-SEXUAL<양성애(兩性愛)를 일컫습니다>, HOMO-SEXUAL<동성애(同姓愛)를가리킵니다>들이나 TRANS-SEXUAL (성도착자, 또는 성전환자)들이 등장하는 XPICS(인터넷에서 X란 좀 그렇고 그런(?)뜻이기 때문에 X-PIC란 그렇고 그런 그림들을 말합니다)들이 상당한분량(?)을 차지하고 있어서 HETERO-SEXUAL<이성애(異性愛)를 하는 사람을 가리킵니다>같은 일반적인 사람들의 호기심을 일으키고 있습니다. 먼 미래처럼 21세기가 찾아왔고 사이버 시대가 도래하면서 많은 변화가 일어나고 있는 요즈음 인간이 만든 가상네트워크상의 이러한 문제점들을 어떻게 풀어야하는지도 인류에게 닥친 또 하나의 숙제라고 생각합니다.

2) 인터넷 채팅

http://chatting.about.com/internet/chatting/mpchat.htm

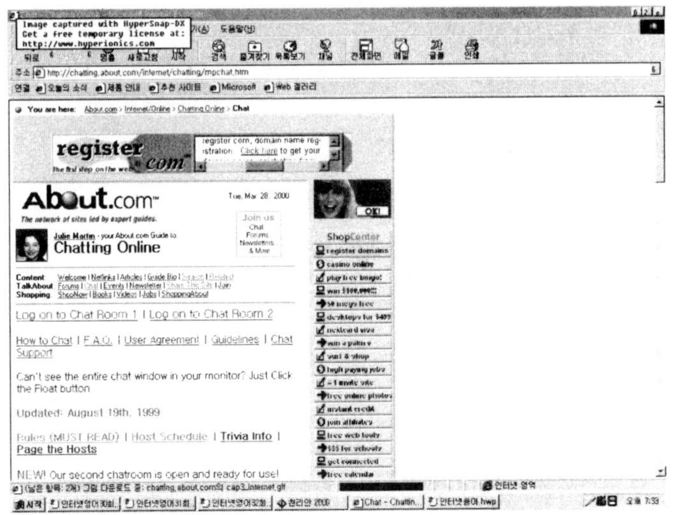

연인과 편지를 주고받거나 밤새 전화통화를 하면서 사랑을 속삭이던 시대가 가고 인터넷에서 이 메일과 채팅으로 친구와 연인을 찾는 시대가 왔습니다.

초기 PC통신이 처음 선보였을 때 대중화를 이끈 것도 소위 대화방이라고 불리는 채팅이었습니다. 몇몇 인터넷 사이트에서는 대화방이 서버에 과부하를 일으키는 바람에 서비스가 중단되기도 하는 등 그 인기가 날로 증가하고 있으며 심지어는 화상채팅이라고 하여 상대방의 얼굴을 보면서 대화하는 등 나날이 그 기술이 발전하고 있는 추세입니다.

채팅에 사용되는 영어는 일상영어와 다를 바 없어나 자판을 일일이 두드려야되는 이유로 약어와 은어, 기호가 속출하여서 처음 대하는 사람들을 당황하게 하기도 합니다. 영어 채팅에 사용되는 용어들을 소개하자면

:* 8) ((((())))) 사랑합니다

:)　:> 또는 8) 또는 :-) ;) 웃는 모습

;> 또는 ;-) 윙크

:(　:-(　찡그린 얼굴

:p 혀 내미는 모습

:* 키스

((((())))) 껴안아주는 것

a/s/l (age/sex/location) 자기 소개, 대답은 '나이/성별/지역'의 형식으로 합니다.

ex) 30/f/Korea, 19/m/Seoul (f = female, m = male)

b4 before

pls please

ROFL rolling on floor laughing

GD&R grin, duck, and run

BTW by the way

IMHO in my humble opinion

FWIW for what it's worth

<g> grin

<vbg> very big grin

>LOL laughing out loud

L8R later

BRB be right back

reHi hello again 채팅 하다 나갔던 사람이 다시 들어왔을 때 하는 인사

이러한 채팅에 사용되는 용어들 말고도 대화(Conversation)에는 많은 감정표현이라든가 하는 영어를 사용해야합니다. 이를 알아보면

expression 표현, 표정

information 정보
mention 언급, 진술
opinion 의견, 견해
view 견해
comment 비평. 해석. 설명으로서 말하는 의견
remark 논평, 간단한 감상. 의견
state 진술하다
chat 담소하다
blame 비난하다
describe 서술하다
remark 말하다
pronounce 발음하다
murmur 투덜대다
mention 언급하다
announce 발표하다
chatter 재갈거리다
complain 불평하다
scold 꾸짖다
whisper 속삭이다
utter 말하다
debate 토론하다
discuss 토의하다
contend 논쟁하다
argue 논쟁하다
confer 의논하다
assert 단언하다
maintain 주장하다
insist on 강요하다
persist in 주장하다

claim 요구하다

refuse (요구를)거절하다

rebut 반박하다

retort 말대꾸하다

dissent 의견을 달리하다

dispute 반론하다

support 지지하다

advocate 옹호(주장)하다

agree (제의에)동의하다

assent 동의하다

approve 찬성하다

decide 결정하다

determine 결정하다

conclude 결론짓다

narrate (생긴 일,체험)순서대로 말하다,서술하다

narration 서술,화법

narrator 이야기하는 사람

notice 알아채다

rattle 덜걱덜걱 하는 소리

observe 관찰하다

notice ~을 알아차리다

sense 감각,감각기능

sensitive 민감한

sensible 분별있는

kind 친절한

honest 정직한

generous 관대한

merciful 자비로운

benevolent 자애로운

rude 무례한

impolite 무례한

dishonest 정직하지 않은

childlike-(좋은 뜻으로)어린이 같은

childish-유치한

optimistic-낙관적인

pessimistic- 비관적인

introvert-내성적인

extrovert-외향적인

conservative-보수적인

progressive-진보적인

character 성격.특징

disposition 성질,성향

temper 성질,성미

personality 개성.저명인사

채팅 사이트

http://www.lordofhosts.com/cgi-bin/web20208/Chat/chat.cgi 기독교인끼리의 채팅방

http://www.bay-line.com/ 크리스찬들의 채팅방

http://vchat1.microsoft.com Microsoft V-Chat

http://www.gottachat.com/rooms/movies Camp GottaChat Movie Teatre

http://www.geocities.com/southbeach/boardwalk/3703/chat.htm/ Penpals Chatting

http://www.cyberpetchat.com/ Cyber-PetChat

http://www.durhamauto.com/chatting.htm Joe's Garage Chat 자동차

애호가

http://home.earthlink.net/~amarkham #Aviation

http://haneen.dyn.ml.org/chatting/chat.htm/ Egyptian Abroad Chat

3) NETAHOLIC ?

www.netaholics.co.uk

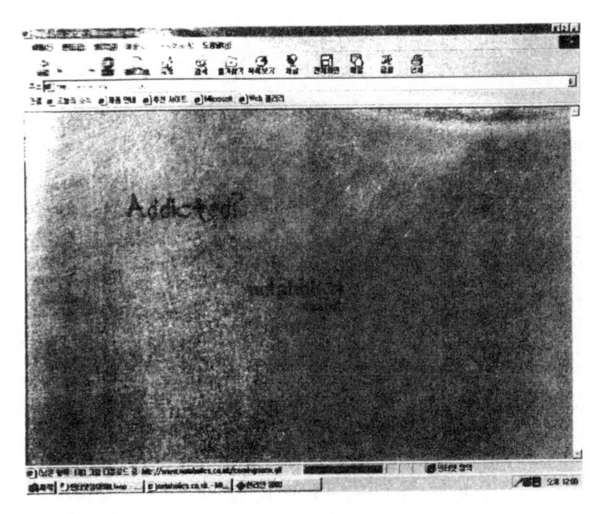

netaholic이라면 생소한 단어라서 무슨 뜻인가 하시는 분들이 많으시리라고 믿습니다. 이는 통신에 중독된 통신 중독증을 일컫는 말입니다.

술을 잘 마시는 사람을 alcoholic이라 하듯 통신에 중독된 사람을 지칭하는 Netaholic 이나 Interholic 이라고 하는 것이지요. 마치 도박이나 알콜에 중독된것과 같은 현상을 보이기도 하지요. Internet으로 심리적 위안을 얻는 '의존증' , Internet상에 머무르는 기간이 길어지며 일의 효율성이 떨어지는 '내성' , Internet을 떠나 있으면 초조-불안에 시달리는 '금단증상(Withdrawal Symptoms)' 이 중독증의 대표적인 증상이라고 지적한다. 오늘날 일반 회사원이라든가 아니면 학생들이 업무상으로든 아니든 하루에 수차례 사내나 학내 전자 메일과 인터넷 이메일을 확인하고 있으며 퇴근 후에는 집에서 컴퓨터 앞에 앉아서 꼭 인터넷을 통해서 온라인 전자신문을 읽는등 통신생활의 파라다이스를 마음껏 만끽하고 있습니다 그러나 이러한 접속을 할 수 없는 날이 오면 마치 담배를 끊은 듯한 Withdrawal Symptoms를 때때로 느끼기도 합니다. 수 많은 인터넷에 심취한 사람들이 이러한 현상을 조금씩 겪고 있다고 생각되며

심한 경우 일종의 질병이라고 이야기 할수 있는바 그래서 미연에 이러한 생활에 지장을 초래할수 있는 잘못된 습관을 방지하고자 이런 글을 덧붙이게 되었습니다.
앞에서 이야기한 경우와 같이 하루에 일정시간 이상을 통신에 접속하지 않으면 안되는 습관을 지닌 사람은 일단 통신 중독증을 의심해 봐야 할 것입니다. 이러한 잘못된 습관의 피해(Damage)는 엄청난 전화비나 통신비는 물론 건강과 나아가서 대인관계나 일상생활에 지장을 초래할 수 있기 때문에 여간 신경을 기울이지 않으면 안된다고 생각합니다.
혹자는 이를 가리켜서 21세기 신종병이라는 말을 쓰기도 합니다만 PC통신이 우리 나라에 보급된지 십 수년이 넘은 지금 우리 나라통신인구는 줄잡아 천만 명을 넘어서고 있다는 보도를 언론을 통해서 얼마전 들은 기억이 납니다. 해마다 새로운 통신서비스사들이 등장하고 기존의 통신사들도 이에 뒤질세라 전용 통신 에뮬레이터를 개발과 동시에 다채로운 서비스로 새로운 고객 유치에 안간힘을 쓰고 있느 실정이지요. PC통신을 모르거나 인터넷을 모르는 사람은 회사나 학교에서 문맹(?)처럼 대우받기도 하고 나아가서 자신의 생활도 불편을 초래할 만큼 온라인의 세계는 우리 가까이에 다가서 있습니다. 더구나 최근에 불기 시작한 Internet 열풍에 힘입어 통신의 세계(On-Line World)는 이제 경계란 것이 존재하지 않는 듯합니다. 그러나 갑자기 PC통신과 인터넷이 우리 생활에 급격히 자리잡으면서 새로운 병이 하나 등장했다는데, 이것이 바로 통신 중독증(On-Line Addiction)이라고 하는 것입니다. 그러면 통신 중독증이란 무엇인가?
지난밤에 오랜 시간 정신없이 채팅을 하고 다음날 늦게 일어나 학교로 허둥지둥 달려나가는 사람을 보고 함부로 통신중독증이라 말할 수 는 없지만 사용 시간에 관계없이 통신사용이 시간이 길지 않더라도 하루라도 통신을 하지 않으면 답답하고 불안하거나 해야 할 일을 제쳐두고 우선 통신에 매달리는 사람이 주위에 있다면 통신 중독증을 의심해 봄직 합니다. 미국이나 기타 유럽등 선진국에서는 이미 통신중독증이 하나의 신종병으로 인식돼 전문 카운슬러가 생길 정도입니다.
통신중독증의 일반적인 증세는 다음과 같다고 합니다. 통신으로 알게된 친구가 실제로 얼굴을 맞대고 사귀는 친구보다 더 가깝고 친근하게 느껴지는 것이나 통신으로 인해 잠의 부족을 느낀다거나 통신으로 인해 계속적으로 피해를 봄에도 불구하고 이를 중지할 수 없을 때에는 통신중독증에 해당된다고 한다는 것입니다. 이것은 학생들의 학업에 대한 태만(Negligence)이나 직장인들의 업무 소홀을 일으키기도 하는데 일찍이 MS사의 빌케이츠사장은 직원들의 업무시간내 사적인 인터넷 사용을 경고한 적도 있습니다.
그러면 이 문제의 통신 중독증을 극복하기 위해서는 어떻게 해야 하는가? 우선 맹목적으로 인터넷에서 이곳 저곳을 기웃거리는 것보다는 일정시간을 정해 놓고 반드시 검색하고자 하는 주제에 대해서만 서핑을 하는 것을 추천하고 있습니다.
인터넷이야말로 인류의 보고(Treasure House)요 21세기를 주도할 거대시장이지만은 이를 활용하는 지혜야말로 꼭 필요한 것이 아닌가 싶습니다.

9. 생활 / 건강

1) 요리만들기

2) VIGRA! 비아그라!!

3) 안전여행

1) 인터넷으로 요리 만들기

http://www.hiroshima-cdas.or.jp/gasland/cook_e/cook_e.html

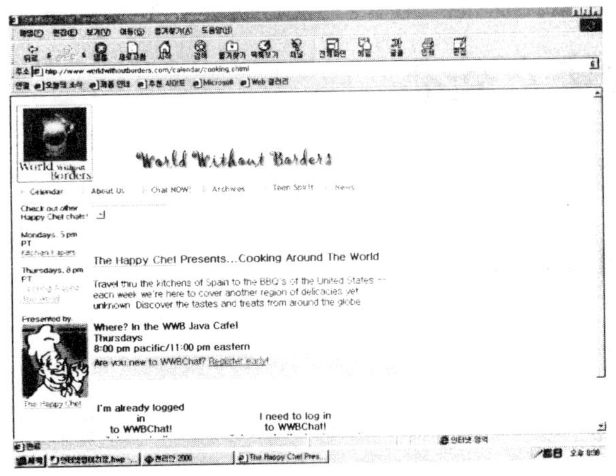

음식은 정말 우리 삶에서 소중한 존재인 것 같습니다. 현대인들은 온갖 인스턴트식품과 지나친 육식, 깡통식품등을 섭취한 나머지 몸이 지나치게 비만해지고 계단을 오르는 것도 귀찮아지며 낮시간에도 누워있고 싶어지고, 매사에 무기력하고, 짜증이 많고 성격이 난폭하여져 가는 경험을 한번쯤은 다 해봤을 것이고 젊은 여성들은 또한 다이어트로 이러한 식생활을 극복하려고 노력하고 있습니다. 초등학생 10명중 2명이 비만이고, 덩치도 크고 얼굴도 훤하게 생긴 아이들이 소아당뇨니 아토피성피부병이니 만성두통이니 관절염 디스크 등으로 고생하고 있으며, 심지어는 원인도 모르는 괴질로 고통받는 현실을 볼 때 얼마나 식생활이 중요한가를 다시 한 번 실감하게 됩니다.

음식의 중요성이 이러하니 지금 인터넷에서는 많은 요리와 식품관련 사이트들이 속출하고 있습니다. 자 그럼 이번엔 이러한 사이트들을 통하여 전 세계 각국의 다양한 요리법을 알려드리겠습니다. (Let me introduce recipes for cooking from all over the world) 제가 전문 요리사(chef)는 아니지만 다양한 나라들 (various countries)의 요리관련 인터넷사이트들을 통하면 뭐 별로 어려운 일은 아니라고 생각합니다. 뭐니뭐니해도 우리 나라 사람에게는 우리 나라 음식(motherland's dishes)이 가장 맛겠지요. 몸에 해로운 인스턴트 음식들보다는 가령 파전 (Pajon)같은 우리 전통음식을 집에서 자주 만들어 먹는다면 건강도 보전하고 요리실력도 늘리는 일석이조가 될듯합니다. 예를 들어 인터넷에 알려져있는 요리법을 소개하자면 파전을 만들려면 우선 재료들(Ingredients)이 필요할 것이고 그 재료로는 2컵반의 물과 (2 and 1/2 cups of water)100그램의 밀가루(100grams flour) 70그램의 쌀가루(70grams rice flour)소금 한스푼(1 teaspoon salt)설탕 한 순갈(1teaspoon sugar), 파우다 한순갈 (1 teaspoon powder) 약간의 파(A little spring onion)와 양파 반쪽 (1/2 onion) 당근 반쪽(1/2 carrot)등이 있을것입니다.

재료가 다 준비되었다면 우선 파와 양파를 썰고(Slice the spring onion, onion) 당근도 얇게 썰고(thinly slice the carrot) 용기 속에 모든 재료들을 섞어서(Mix all ingredients in a bowl) 식용유를 친 팬에 재료를 넣고 (Put all ingredients into oiled pan) 황갈색이 나올 때까지 튀긴후 (Fry until golden brown) 양념장에 찍어 드시면 됩니다(Serve with vinegar-soy sauce for dipping) 인터넷 속에는 이러한 요리법들이 즐비해서 따로 요리책을 사볼 필요도 없게 됐습니다.

또한 가장 널리 알려진 우리 음식중의 하나를 또 소개 드리자면 김치를 빼놓을 수 없겠지요? 김치는 우리 조상이 만들었고 우리가 즐겨 먹었으며 우리 후손들이 대를 이어 먹게 될 우리 민족의 고유하고 영원한 야채 발효 식품입니다. 또한 우리의 중요한 부식 중의 하나인 김치는 소금에 절인 배추나 무, 오이 등에 여러 가지 야채류 및 향신료를 첨가하여 일정 기간 숙성, 발효시킨 야채 발효 식품이이기도 하지요. 그러나 최근 김치가 기무치로 둔갑해서 인터넷 곳곳에 알려지는걸 보면 서글픈 생각이 듭니다. 여러분들도 영어실력을 쌓아올려 근사한 한국전통음식 사이트를 하나 만들어보시면 어떨 까요?

seasonings 양념

salt 소금

pepper 후추

vinegar 식초

ketchup

mustard 겨자

mayonnaise

paprika 고추의 일종으로 만든 향신료

MSG 미원

garlic power 분말 마늘

onion power 분말 양파

red pepper 고추

Recipe 조리법

stir 휘젓다

grate (강판으로)갈다

pour 붓다

peel 벗기다

carve 베어 나누다

beat (달걀,크림등을)휘젓다

slice (식빵,치즈등을)썰다

chop 잘게 썰다

steam 김으로 찌다

broil (고기,생선등을)오븐에 굽다

bake (빵,감자)굽다

fry 기름에 튀기다

boil 삶다

Meat 고기

beef 쇠고기

pork 돼지고기

mutton 양고기

bacon (절이거나 그을린)돼지 등 부분

ham (절이거나 그을린)돼지 다리 고기

fresh 신선한

stale 신선하지 않은,김빠진

raw 날것의,설익은

rotton 썩은

spicy 양념 맛이 강한

delicious 맛 좋은

salty 짭짤한

flat 밋밋한

hot 매운

sour 시큼한

sweet 달콤한

bitter 쓴

tasty 풍미있는

savory 맛 좋은

cooked 조리된

Nutrition 영양분

protein 단백질

calcium 칼슘

vitamin 비타민

fat 지방

carbohydrate 탄수화물

요리관련 사이트

Friends&Partner의 쿡북

-www.friendspartners.org/friends/life/cookbooks/cookbook.html

Food Net-www.food.net.co.kr

고추와 칠리-www.geleport.com/~cstarz

마늘 소개-www.garlicpage.com

매운 요리 전문-www.teleport.com/~cstarz

바베큐 소스 만들기-www.bbqsource.com

얀의 요리-www.channela.com/food/yancancook/main.html

어린이에게는 이런 음식을-www.kidsfood.org

온라인 바텐더(칵테일 만들기)-www.webtender.com

요리에 관한 모든 것-www.cs.cmu.edu/~mjw/recipes/other-sites.html

우리 지방 음식이 별미(각 국의 요리 소개)-www.starchefs.com

우유를 이용한 건강 요리-www.gsnu.ac.kr/~dairy/cook/index.html

유럽의 요리법-www.ibmpcug.co.uk/~owls/european_cuisines.html

INTERNET 최고 요리 강습소 eGG-www.2way.com/food/egg/index.html

쵸콜릿 요리법

-www.godiva.com/recipes/recipes/chocolaatier/index.html

치즈 마법사-www.cheesewizard.com

파이 페이지-www.teleport.com/~psyched/pie/pie.html

2) viagra! 비아그라!!

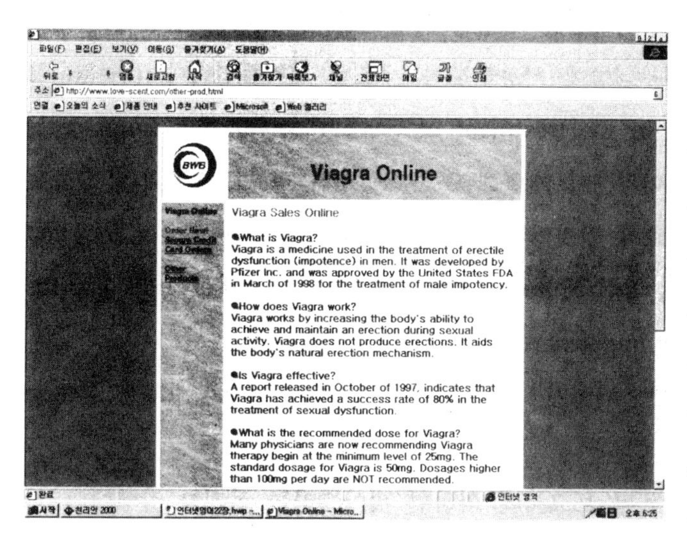

역사가 흐르고 의학이 발달할수록 인간의 수명은 나날이 늘어만 갑니다. 뭐 구약성서에는 수백년 동안 사람들이 살았다는 구절이 나오지만 그래도 현대인들은 과학의 발달로 큰 혜택을 받고 있다고 할수 있지요. 불과 수백년전 평균수명이 4, 50세를 못 넘기고 온갖 질병과 재난으로 유아사망률이 매우 높던 시절보다는 분명히 나아졌다고 할 수 있습니다. 그러나 인간의 욕심은 끝이 없는지 유전공학의 발달로 돼지에서 기른 장기를 이식 받거나 심지어 죽은 뒤에 냉동시켜 과학이 발달할 뒷날 부활시키려고 까지 한다고 하니 조물주께서도 두손들 일들이 벌어지고 있는 상황입니다.

특히 최근에 화제를 모았던 비아그라 열풍이 그러하지요 원래 보신을 위해서는 해구신, 개고기 등을 가리지 않고 먹는 걸로 유명한 한국사람들이 이 비아그라가 나왔다는 말을 듣고 밀반입 하면서 까지 복용하던 사례도 있지만 의외로 수입이 허용되자 그렇게까지 유난을 떨지는 않은 것 같습니다.

아마 이러한 것들이 익히 알려진 비아그라의 부작용 때문인것 같다고 여겨집니다만.

그런 비아그라란 무엇일까요? (What is Viagra?) 인터넷에서도 이 비아그라를 판매하는 사이트들을 심심찮게 발견할 수 있는데 원래 비아그라는 사람들의 발기부전증에 사용하도록 제조된 의약품입니다. (Viagra is a medicine used in the treatment of erectile dysfunction (impotence) in men.) 미국 파이저사가 개발해 98년 3월부터 미 FDA에 의해 인증된 남성 발기부전 치료제 인것이지요 (It was developed by Pfizer Inc. and was approved by the United States FDA in March of 1998 for the treatment of male impotency.)

그러면 비아그라는 어떻게 작용하는 것일까요? (How does Viagra work?)

1997년 10월에 발표된 보고서에 의하면 비아그라는 성기능 장애에 대하여 80%정도의 효능을 보았다고 합니다. (A report released in October of 1997, indicates that Viagra has achieved a success rate of 80% in the treatment of sexual dysfunction.) 보통 잠자리 30~60분전에 (30-60 minutes before sexual activity.) 복용하여야 효능을 볼수 있다고 합니다.

이를 두고 꽤 유명한 농담이 전해지는데 비아그라와 디즈니랜드의 공통점은 2분 타려고 1시간 이상 기다려야 하는 것이라나요?

그러나 불행하게도 미국 식품 의약국(FDA)의 보고에 따르면 98년 11월 25일가까지 비아그라의 복용으로 사망한 사람의 수는 130명에 달하며 이들중 대부분의 사람들은 심장마비를 비롯한 심장 혈관 질환으로 인한 사망이라고 합니다. 현재까지 밝혀진 바에 의하면 비아그라는 심근 경색, 심장 돌연사, 심실 부정맥(不整脈), 뇌출혈, 고협압 등과 관련되어 생명에 위협을 가할 수 있으며, 사망한 대부분의 사람들은 이미 심장계통의 질환이나 고협압, 흡연, 당뇨 등 한가지 이상의 위험 요인이 있었다고 하고 일부는 발기 상태가 너무 오랫동안 지속되는 부작용으로 오히려 영구적인 발기 불능이 되는 경우도 있었다고 합니다.
그러나 최근 이러한 비아그라의 단점들을 일부분 개선하여 분무형 비아그라나 수퍼 비아그라등도 생기고 있으며 유명한 미국의 밥돌의원은 광고모델로까지 활약했다고 합니다.
그러나 언제나 유념할 것은 비아그라는 의사의 처방에 따라 복용하여야 하며 이는 신기의 정강제가 아닌 어디까지나 치료제라는 것일 테지요?

medicine 약
pill/tablet 알약
capsule 캡슐
ointment 연고
side effect 부작용
injection 주사
drugstore/pharmacy 약국
acupuncture 침술
administer first aid 응급처치하다
antidote 해독제
bed rest 수면을 취하며 쉬는 것
blood transfusion 수혈
check-up (정기)건강진단
cure 치료법
diagnosis 진단
fill prescription 처방에 맞게 조제하다
heal 치료하다,낫다
operate 수술하다
recover 회복하다
take one's temperature 체온을 재다
transplant 이식

undergo surgery 수술을 받다
crutch 목다리
hearing aid 보청기
needle (수술)바늘
painkiller/sedative 진정제
plaster cast 깁스
stethoscope 청진기
thermometer 체온계
wheelchair 휠체어
X-ray 엑스선

얼마전 허준이라는 tv드라마가 선풍적인 인기를 모은 적이 있습니다. 오늘날 의약계를 보다보면 환자에게 사랑을 베풀 줄 아는 진정한 의미의 의사에 대한 목마름이 더욱 드라마의 인기를 부채질하진 않았나 봅니다. 영어가 가장 많이 쓰이는 분야가 바로 이 의약계인데 온갖 병명에 처방까지 영어로 불리지 않으면 이상할 정도입니다. 이 모든 원인이 의학이 서양으로부터 건너온데 따른 것이기도 하지만 일반인들이 이해하기에는 어려움이 많습니다. 그래도 어느 정도는 알고 있어야 한다고 생각되며 이와 관련된 영어단어들을 정리해 보았습니다.

disease 병
pneumonia 폐렴
diabetes 당뇨병
measles 홍역
flu 유행성 감기
bruise 타박상
headache 두통

toothache 치통

heart disease 심장병

cancer 암

cold 감기

burn 화상

pimple 여드름

backache 등의 통증

stomachache 위통

AIDS(Acquired Immune Deficiency Syndrome) 후천성면역결핍증

Alzheimer's disease 알츠하이머병,치매

asthma 천식

athlete's foot 무좀

chicken pox 수두

cramp(=charley horse) 경련

epidemic 전염병

fracture 골절

infection 전염,전염병

insomnia 불면증

neurosis 신경증,노이로제

rabies 광견병

STD(Sexually Transmitted Disease) 성병

stroke 뇌졸증

ulcer 궤양,종기

diarrhea 설사

indigestion 소화불량

malnutrition 영양실조

Symptom 증상

fever 열

running nose 코흘림

ache 지속적인 아픔

dizziness 현기증

bleeding 출혈

wound 부상

scratch 생채기

cough 기침

pain (보편적인)아픔

sore 쑤시고 얼얼한 통증

itch 가려움증

injury/hurt 상처

cut 칼에 벤 상처

scar 상처 자국, 흉터

be choked 숨막히다

bleed 피를 흘리다

faint 기절하다

lose consciousness 의식을 잃다

paralyze 마비시키다

sneeze 재채기하다

swell up 부어오르다

vomit 토하다

Prescription 처방

Doctors 의사

cardiologist 심장전문의

dermatologist 피부과 의사

ENT(=Ears,Nose and Throat) 이비인후과

gynecologist 부인과 의사

ophthalmologist 안과의사

orthopedist 정형외과 의사

pediatrician 소아과의사

psychiatrist 정신병 의사

surgeon 외과의사

physician 내과의사

dentist 치과 의사

건강 관련 추천 사이트

BODY&SOUL–homearts.com/depts/health/00dphec1.htm

BreakUp Girl–www.breakupgirl.com

hochi(치아 관련)–www.hochi.com

Mayo 클리닉–www.mayohealth.org/

MED 웹(건강 관리 SITE 체크)

–www.gen.emory.edu/MEDWEB/key word/geriatrics.html

QUACKWATCH(약초, 점술 등의 치료)–www.quackwatch.com

The Advocate Health Care Web Site(의학 백과 사전정도)

–www.advocatehealth.com/

Well Web(의약품, 암, 성인병, 헬스 등에 대한 정보)–www.wellweb.com/

건강 가이드–www.reutershealth.com

건강 온라인–www.fitnessonline.com

걸 파워(9~14세 어린이의 정보)–www.health.org/gpower/index.htm

겨울철 어린이 건강

–kidshealth.org/parent/safety/winter_sport_equip.html

규칙적인 식사–www.mirror-mirror.org/edsa.htm

근육 가꾸기–www.musclenet.com

다이어트 상담실–www.dietitian.com

닥터 KIM's 한방 클리닉–www.inote.com/~seongil/

닥터 맥가이버(흔한 질병 치료방법을 만화로 보여주는 것)
-www.webi.co.kr/cartoon

닥터 클리닉(INTERNET을 통한 진료)-www.doctor.co.kr

도와줘요 할런-www.helpmeharlan.com

라이프 라인(먹는 것, 마시는 것, 걷는 것 등에 대한 건강 정보)
-www.lifelines.com/

매일 건강 체크(날마다 자신의 건강 체크)-nytsyn.com/med

메디피아(병원위치, 의학상식, 병원소개)-www.medipia.com

미국 건강 관리 협회(성인들을 위한 건강정보, 건강체크 소프트웨어)-www.ushc-online.org/

바디마인드-www.queendom.com

버추얼 하스피털-www.hospital.co.kr

베이비 센터(갓난아기에 대한 정보)-www.babycenter.com

브라보(담배정보)-www.safersmokes.com

산책으로 건강 단련하기-www.teleport.com/~walking/hiking.html

새로운 병-www.centerwatch.com

스트레스를 해결하자-lifematters.com

심장 정보-www.heartinfo.org

약품 정보-www.medicinenet.com

약학의 세계(천일당 약국운영)-blue.nownuri.net/~medulla/

약효에 관한 정보-www.rxlist.com

어린이 건강박사-www.kidsdoctor.com

어린이 건강 협회-kidshealth.org/

얼굴에 관하여(피부 미용)-about-face.org

에이즈 핸드북-www.westnet.com/~rickd/AIDS/AIDS1.html

여행병을 막자-www.lonelyplanet.comhealth/health.htm

웨일 박사의 카운셀링 SITE-www.hotwired.com/drweil

웹 하스피털(전문인을 위한 분야별 SITE 추천)-www.webhospital.com

INTERNET에서 건강 진단을-www.youfirst.com

INTERNET 접속으로 살을 뺀다.-www.cyberdiet.com

정신 건강 SITE-www.cmhc.com/mhn.htm

죽음-www.islandnet.com/deathnet

차와 건강(차의 종류, 성분, 효능 설명)-www.chollian.net/~texbase

치과 관련 자료-www.dental-resources.com

풋 캐어(무좀정보)-www.footcare.co.kr

피부병 정보-medweb.nus.sg/nsc/commskin/skin.html

피부의 무질서-www.skinema.com

헬스 월드 온라인-www.healthy.net/

3) 인터넷속의 안전여행

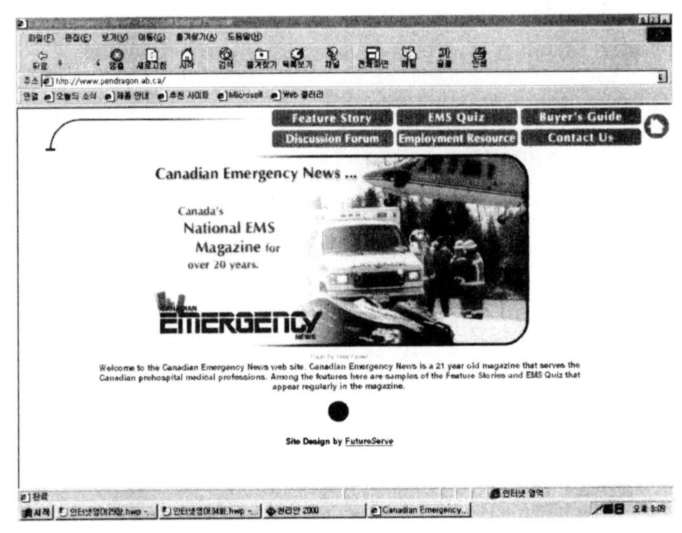

과거에는 팔방미인이라하여 이것저것 잘하는 사람이 대접받던 시절이 있었으나 세월이 갈수록 전문가가 대우받는 시대가 도래하고 있으며 무엇이든 한가지만 잘하면 되는 모습을 어디서든지 찾아볼수 있습니다.

앨빈 토플러가 예언했던 제3의 정보혁명이 현실화 되어서 산업전반에 걸쳐서 영향을 주었고 이에따라 산업안전이라는 특이한 분야가 하나의 종목으로 자리잡고 있으며 이에 대한 관심도 늘어가고 있습니다.

위의 홈페이지는 안전에 관한 갖가지 뉴스와 이슈들을 만날 수 있는 공간으로 캐나다에서 발간되는 안전뉴스 전문 잡지입니다. 국내에서도 1988년 수은중독으로 죽어간 고 문송면 소년의 장례투쟁으로 촉발된 산재추방운동으로 인해 안전에 관한 관심이 늘어났고 정부에서도 한국산업안전공단이라는 사업장의 산업재해예방활동을 지원하기 위해 정부출연기관을 설립하기도 하였습니다.

이외에도 http://www.ohis.net이라는 사이트는 다양한 산업보건관련 정보들을 유기적으로 통합하여 산업보건의료기관 및 사업장 일차보건의료

분야에 도움이 되는 정보들을 제공함하고 있으며 학술적인 교류 및 신속한 정보제공의 기능을 보다 확대시켜 산업보건전문가 및 실무자의 가상공간에서의 만남의 장이 되도록 만들어 나가는 것을 목적으로 하고있습니다.

산업사회로부터 정보사회(information society)로 급속히 전환하고 있는 사회에서 컴퓨터의 활용은 정보자료처리에 있어서 육체적 노동을 크게 줄이고 정보자료를 활용하는 분석업무를 증가시킴으로써 조직구성원들의 직무내용을 향상시키고 있습니다.

또한 직업병 및 보건교육관련 사이트도 있으며 이외에도 수많은 산업안전 보건관련 사이트가 있으므로 많은 정보를 안방에서 인터넷을 통해서 볼 수 있음은 강조하지 않아도 될듯합니다.

부　　록

인터넷 용어사전

ActiveMovie (액티브 무비)

마이크로소프트는 인터넷 익스플로러 3.0을 발표하면서 추가한 프로그램. 이 프로그램을 이용하면 AVI, MPG, MOV 등 다양한 동영상 파일과 사운드 파일을 웹 페이지에서 곧바로 볼 수 있다.

Active X (액티브 엑스)

마이크로소프트 인터넷 익스플로러3.0에서 멀티미디어 파일을 재생할 수 있는 하나의 방식.

인터넷 익스플로러는 액티브 엑스라는 통합 멀티미디어 지원 프로그램을 지원하여 대부분의 기능들을 모두 지원하고 있다. 이에 따라 AVI는 물론이고 MOV, 애플용 퀵타임, MPEG 동화상을 지원하며, 오디오에서도 넷스케이프가 지원하는 모든 기능은 물론, MPEG 오디오를 추가로 지원한다. 특히 리얼 오디오를 계속 기본 기능으로 내장하여, 플러그인으로 제공하는 넷스케이프 보다는 번거로움을 피할 수 있다.

Add-On (애드온 프로그램)

Add-On이란 특정한 프로그램의 기능을 보강하기 위해 추가된 프로그램들을 일컫는다.

넷스케이프 네비게이터의 플러그인에 해당되는 개념이다. 그 예로 인터넷 익스플로러의 뉴스와 메일을 보강하기 위해 '한글 인터넷 메일&뉴스'라는 Add-on프로그램이 있다.

AltaVista (알타비스타)

DEC(Digital Equipment Corp.)사에서 개발한 검색 엔진이다. 뛰어난 검

색 속도와 정확성, 광범위한 검색 범주, 연산자 및 필드 검색 등을 지원해 가장 뛰어난 검색 엔진이다.

AOL (America OnLine)
미국 최대의 PC통신 서비스 회사. 97년 현재 약 600만의 가입자를 갖고 있다.

Archie (아키)
인터넷의 여러 기능 중 FTP를 이용하면 파일을 전송 받을 수 있다. 그러나 파일의 이름은 알고 있지만 그 파일이 있는 위치를 모를 경우가 있다. 이때 파일의 소재를 찾아주는 프로그램이 아키이다.

ARPANET (Advanced Research Project Agency NETwork)
미국 방위성(DoD)의 고도연구계획국(ARPA)이 후원한 데이타 통신망. 네트워크의 개척자인 존재로 1972년부터 본격적으로 시작되어 1990년까지 가동되었다. 네트워크의 일부가 파괴되더라도 남아 있는 네트워크가 제 기능을 할 수 있는 컴퓨터 상호 접속 방식을 취하면서 세계 최초로 패킷 교환 방식에 의한 데이터 통신을 실현하였다. 이것이 인터넷의 기술적인 출발점이 되었고 현재 인터넷의 표준 프로토콜인 TCP/IP도 이 네트워크에서 사용하기 위해 개발되었다.

ANONYMOUS FTP 공개되어 있는 FTP 사이트로 계정이 없는 사용자

도 누구나 접속하여 FTP 서비스를 이용할 수 있는 곳

ANSI(American National Standards Institute)

컴퓨터 통신 등을 포함한 폭넓은 분야의 U.S 표준 승인을 수행하고 있는 조직. 이 조직에서 승인된 표준은 ANSI 표준이라 부른다.

APPC(Advanced Program-to-Program Communucation)

분산처리 형태의 컴퓨팅 환경을 지원하기 위하여 IBM이 개발한 통신규약으로 프로그램간 통신 규약의 일종이다.

APPN(Advanced Peer-to-Peer Networking)

네트웍 노드간에 중앙 컴퓨터 없이 통신할 수 있는 환경을 제공하는 IBM의 통신규약.

ARCHIE

인터넷의 FTP상에 공개된 자료, 화일들을 사용자가 원하는 대로 화일명, 화일의 위치 등을 알려주는 서비스.

ARCNET(Attached Resource Computer Network)

스타버스형 구조를 채택하고 있고 액세스 방식은 토큰패싱을 사용한다.

ARPAnet

ARPA의 지원을 받아 유지되어 왔으며 네트웍에 있어서 선구적인 역할 담당. 초기 네트웍 연구의 근간이 되고, 동시에 인터네트의 백본(backbone)이 됨. ARPAnet은 개별적으로 존재하는 네트웍이 아니고 전용선에 의해 상호 연결된 패킷망이다.

ASCII CODE

문자를 비트로 표현하는 표준화된 시스템이며 각 문자는 1바이트로 저장된다.

AUI(Attachment Unit Interface)

장치들을 이더넷(Ethernet) 트랜시버에 접속시키기 위한 커넥터

Access

접속하다라는 뜻이지요. 영화 론머맨에서 마지막 장면이 생각나는군요. 안보신분들은 보시길..

Accoun 계정, 메일주소

Address 집주소를 가리킬 때에도 쓰이지만(전자우편이나 HOMEPAGE의) 주소를 지칭

Address a message to ~ (누구누구)에게 메시지를 보내다라는 뜻

Advance 미리. 참고로 in advance하면 사전에(事前)라는 뜻

Alt 알트(뉴스 그룹의 한 분야, alternative의 약자, 다른 생각)

Application 어플리케이션 즉 응용

Archie 아치(아카이브 파일 검색 소프트웨어)

Archive 아카이브(과거의 메일뱅크)

@(symbol) at

Attachment 첨부

Authentication 확인하다. 승인하다.

Authority 당국이나 관계자

Available from ~에서 구할 수 있다.

Bandwidth 통신처리능력

Baud 보우드(데이터 전달속도 단위)

BBS(Bulletin Board System) 전자게시판 시스템.

Bbc(blind carbon copy) 숨긴 카피

Binary(file) 바이너리(파일), 2진법의 의미

Birus 컴퓨터 바이러스

Blank 블랭크. 아무것도 쓰지 않다.

Bounce 되돌아 오다.

Bbs(bits per second)
송신속도 단위(28,8kbps는 1초에 2880비트를 보낸다는 의미)

Browser 넷스케이프나 익스플로러 같은 브라우저

BTW(by the way) 그런데

Bug 버그란 컴퓨터시스템이나 프로그램 상에서 오류를 일으키는 문제점

Beta version (베타버전)
제품이 완성되기 직전 단계의 테스트판. 업체에서 하드웨어와 소프트웨어를 개발할 때, 최종 제품이 완성되기 전에 일부의 관계자와 사용자에게 제공하여 그 성능을 테스트하는데 목적이 있다.

Bookmark (북마크)

인터넷 상의 여러 사이트를 돌아다니다가 기억해 놓고 싶은 사이트를 체크하여 보관, 관리하고 후에 그 사이트로 가고자 할 때 사이트의 URL을 외우지 않고도 보관되어 있는 리스트에서 선택만 하면 바로 접속할 수 있도록 URL주소를 관리 할 수 있는 것이 바로 북마크이다.

BPS (Bits per second)

통신에서 1초당 전송할 수 있는 bit수

Bridge (브리지)

브리지는 두 개의 네트워크를 마치 한 개의 네트워크처럼 행동하도록 연결시키는데 사용되는 장치이다. 브리지는 서로 다른 형태의 두 네트워크를 연결하는데 사용되기도 하지만, 수행 능력을 향상시키고자 하나의 대규모 네트워크를 두 개의 작은 네트워크로 분할하는데도 사용된다.

Broadcast Pack (브로드캐스트 패킷)

브로드캐스트 패킷은 동일 네트워크 내의 모든 호스트에 동시에 보내는 패킷이다. 동보 패킷이라고도 한다. Multicast Pack은 네트워크 내의 특정의 여러 호스트에 동시에 보내는 패킷이다.

Browser (브라우저)

월드와이드웹이 폭발적인 인기를 끌게 된 주요 이유는 사용하기 편리한 브라우저가 나오면서 부터다. 브라우저란 웹 서버에 접속하여 정보를 전송 받아와서 화면에 보여주는 프로그램을 말한다. 브라우즈(brows)의 원래 뜻은 책 따위를 펼쳐보다는 뜻이다. 즉 책을 군데군데 펼쳐보는 것을 브라우즈 한다고 할 수 있다. 비슷하게 웹에서 여러 문서들을 잠깐식 펼쳐보는 도구라는 뜻으로 브라우저라고 한 것이다.

예) 넷스케이프 네비게이터, 마이크로소프트 인터넷 익스플로러 등

BACKBONE

네트워크에서 고속으로 연결시켜주는 부분

BASEBAND

통신로에 컴퓨터의 내부 코드에 상당하는 디지털 신호를 직접 전송한다.

BGP(Border Gateway Protocol)

EGP의 단점을 보완하기 위하여 만들어진 프로토콜로서 각 라우터간 경로에 대하여 어느 정도의 거리에 있는지 등을 알려준다.

BNC

Looking-type의 커넥터로서 이더넷의 일종인 Thin-Net에서 사용한다.

BPS(Bit Per Second)

회선 속도 단위. 국제적인 표준약어

BRIDGE

완전히 분리되어 있는 2개 이상의 LAN을 연결할 때 사용되는 Internetwork 기기이다.

BROWSER(브라우져)

WWW에서 말하는 브라우져는 일종의 통신에뮬레이터의 역할을 하는 검색도구 소프트웨어를 의미.

BROADBAND

통신로를 여러개의 주파수 대역으로 나누어 사용하는 전송 방식이다.

BUS형

모든 노드들이 버스에 T자형으로 연결되어 있다.

case sensitive 대, 소문자의 구별

CC(carbon copy) 카본 카피를 보내다

CGI(Common Gateway Interface) 웹상에서 HTML만으로 구현할 수 없는 인터렉티브한 기능을 추가한 프로그램.

Chat 채팅.

Client

클라이언트(상용서버)

Click on ~

을 클릭하다. 마우스 버튼을 누르다. 21세기의 삶은 클릭으로 시작해서 클릭으로 끝나지 않을런지..

Clickable 클릭할 수 있는

Comments 코멘트, 논평

Communicate with-- --와 연락을 하다.

Compile 정리하다.

Compress 압축하다. 압축화일에는 arj, rar, zip등 여러 가지가 있습니다.

Configure 형성하다. 배열하다.

Configuration 네트워크 설정

Connect with~ ~와 연결하다.

Connection 관계, 연락, 접속

Concerning ~에 관해서 답장을 시작할 때

Contact
연락을 하다. 조디포스터 나오는 영화 제목이지요. 외계인과 교신한다는 내용이었지요.

Cool 멋있다, 도움이 되다.

Copyright
저작권. 과거에 우리나라는 저작권을 무시한적도 많았지만 근래에 들어서는 꼬박 고박 로열티를 지불해야하는 외화유출의 적(?)이 되어버렸습니다.

Correspond 메일 교환을 하다.

Cracker
해커처럼 시스템 불법 침입자를 말하지요. 과자이름이 아닙니다.

Cross-post
크로스 포스트(여러 리스트에 같은 메시지를 동시에 보내는 것)

CU-SeeMe 네트워크 상의 화상 회의용 프로그램

Cyberspace 사이버 스페이스, 네트워크 상의 가상 공간

Cyberspeak
사이버 스피크(네트워크 상의 전문용어를 사용해서 대화하는 것)

Cable Modem (케이블 모뎀)

케이블TV망(CATV)을 통해서 고속의 데이타 통신 서비스를 제공하기 위한 장치

CERN

스위스에 있는 유럽 핵물리 연구 기관으로서 World Wide Web 프로젝트가 시작된 곳이다.

CGI (Common Gateway Interface)

CGI는 WWW서비스 서버와 프로그램간의 인터페이스로서, 사용자가 브라우저를 통해 서버로 보낸 데이터를 서버에서 작동중인 데이터 처리 프로그램에 전달하고, 프로그램에서 처리된 데이터를 다시 서버로 되돌려 보내는 역할을 한다.

Clarinet News (클라리넷 뉴스)

유스넷 뉴스 형식으로 제공되는 전문적인 전자신문이다.

CompuServe (컴퓨서브)

미국 제2위의 PC통신 서비스 회사로서 각종 뉴스, 정보 제공은 물론 온라인 쇼핑, 항공기 예약 등이 가능하며, 특히 잘 발달된 동호회 운영이 특기할 만하다.

CoolTalk (쿨톡)

넷스케이프의 Helper 프로그램인 쿨톡은 양방향 음성 전송이 가능하다. 인터넷 폰과 같이 음성 전송이 가능하다. 인터넷폰과 같이 음성 채팅 뿐만 아니라 프로그램의 공유와 화상을 공유할 수 있는 화이트 보드를 지원한다.

CSLIP (Compressed SLIP)

SLIP의 비효율성을 위해 새로 개발된 몇가지의 압축옵션 가운데 하나이다. 별로 쓸모가 없는 TCP 헤더의 크기를 줄임으로써 전송효율을 높여보고자 하는 것입니다. 이 결과 40byte이던 TCP 헤더가 4byte로 줄었다.

CUG (Closed Users Group)

PC통신 서비스 이용 형태의 하나. 특정 이용자를 대상으로 한 서비스 또는 이용자 그룹을 가리키는 것으로 회원 전용 게시판이나 전자 회의실을 갖는다. PC통신 서비스의 전자우편이나 전자회의등을 기업내 네트워크로 이용하는 경우 일반 사용자들에게 사내 정보를 유출시키지 않을 목적으로 만들어졌다.

CATV(Cable Television)

수신이 양호한 공동 안테나로 방송을 수신, 증폭하여 동축케이블 루트를 이용하여 TV 및 다른 신호를 가입자들에게 전달한다.

CCITT

(The International Consulative Committee for Telephony and Telegraphy) 세계 전신전화 자문 위원회. 음성및 데이터 통신에 대한 국제적인 권고 사항을 정의하는 역할 수행.

CLIENT(클라이언트)

다른 컴퓨터의 서버 프로그램에 접속해 데이터를 얻기 위해 사용하는 소프트웨어 프로그램으로 각각의 클라이언트 프로그램은 한개 이상의 특정 서버 프로그램과 동작하도록 디자인되어 있으며, 각각의 서버는 특정한 클라이언트를 요구합니다.

CO-LAN(공중기업통신망)

한국통신에서 운영하고 있는 공중기업 통신망

CONSOLE

호스트 컴퓨터에 내장된 터미널(화면, 자판, 마우스등)

DCE(Data Circuit Terminating Equipment)

데이터 회선종료 장비
패킷 데이터 망에서 사용자와 망간의 인터페이스로서 망쪽을 말한다.

DataBank (자료실)

DHCP (Dynamic Host Configuration Protocol) IP 어드레스를 자동적으로 부여하는 방식.

DialUp Networkimg (다이얼업)

전용선을 통한 연결과 달리 표준 전화선을 이용하여 형성된 기계(컴퓨터)간의 연결

DNS 〈Domain Name System(server)〉

인터넷에 연결된 특정 컴퓨터의 Domain name을 IP Address를 찾아 변환해 주는 일을 하는 컴퓨터 체계.

Domain (도메인)

도메인이란 인터넷 주소(인터넷 호스트, 컴퓨터가 할당 받은 주소)를 가리키는 말로서 IP Address와 Domain으로 구분할 수 있다. 인터넷 호스트 컴퓨터가 할당 받은 주소는 본래 숫자로 만들어졌고 이를 가리켜 IP Address라고 한다.

Download (다운로드)

원격지 컴퓨터 측에 축적된 파일의 내용을 단말기로 전송하는 것 또는 인터넷상에 있는 파일을 자신의 PC로 전송받는 것을 다운로드 한다고

한다.

DNIC

4자리 숫자의 망식별 코드
데이터 망의 식별을 위해 사용되는 X.121주소의 일부분
X.21은 처음 3자리 숫자를 정의한다. 4번째 숫자는 국내에서 지정되어 CCITT에 등록된다. 한망에서 다른 망으로 호를 구성할때 사용된다.

DOMAIN(도메일)

인터넷 상에서 사용자 또는 호스트를 인식할 수 있도록 해주는 것으로 일반적으로 사용자명, 호스트명, 국가명 등의 요소를 포함하고 있습니다. 예를 들어 www.kt.co.kr라는 도메인은 www(호스트), kt(회사명), co(회사), kr(국가명)로 이루어집니다.

DOWNLOAD(다운로드 받기)

원격지의 컴퓨터에서 자신의 컴퓨터로 데이터를 전송 받는것

DTE

데이터 통신망에 연결된 고객 장비.
DTE는 단순 터미널이나 복잡한 컴퓨터 시스템이 될 수 있다. 망 인터페이스에 대한 사용자와 관련하여 DTE 용어는 인터페이스의 사용자 측을 말한다.

Database 데이타베이스

Demo version 선전용 프로그램

Dial-up

다이얼업으로, 보통 전화 회선으로 프로바이더에 연결하는 것.

Directory 디렉토리, 주제, 파일을 모아둔 것

Discussion group 디스커션 그룹

DNS(domain name system) 도메인 네임 시스템(Homepage Site가 등록되어 있는 시스템 이름)

Download

다운로드(네트워크 상에서 파일을 받는 것 <--> upload)

Downloadable 다운로드할 수 있다.

ELM

전자우편을 사용하기 쉽게 만든 프로그램으로 HP사의 Dave Taylor가 만든 것으로 기존의 mail 명령 line-oriented인데 비해 elm은 screen oriented이다.

E-MAIL(전자우편)

mail과 같음. e-mail은 electronic mail의 약자이다.

EMULATION

특정 하드웨어나 소프트웨어의 동작을 모방하여 사용하고 싶을때 하드웨어나 소프트웨어를 말한다.

ETHERNET

LAN으로 네트워크하는 방식입니다. Etherne는 거의 모든 종류의 컴퓨터에 사용할 수 있고 10,000,000bps 가능합니다.

E-Mail Address (전자우편 주소)

인터넷에서 전자우편을 보내거나 받으려면 전자우편 주소(e-mail address)가 필요하다. 모든 인터넷 사용자는 자신의 고유한 전자우편 주소를 갖고 있는데 전자우편 주소는 "사용자 계정(ID)@도메인"으로 구성된다.

Events (이벤트)

Explorer (Microsoft Internet Explorer. 인터넷 익스플로러)

인터넷 익스플로러는 마이크로소프트사의 웹 브라우저로 월드와이드웹의 정보를 검색할 수 있게 하는 프로그램이다. 무료로 배포되고 있을 뿐만 아니라 메뉴나 메세지가 완전 한글화되어 있어 영어에 익숙치 않은 사용자에게 편리하다.

Edit 편집하다.

Editor 에디터, 스펠링 체커, 리스트 편집 관리자

E-Mail is -- E-Mail은 ---

write/use e-mail 전자우편을 쓰다/사용하다.

By E-mail 전자우편을 사용해서

in E-mail 전자우편으로

through E-mail 전자우편을 통해서

send an E-Mail message 전자우편으로 메시지를 보내다.

your E-mail programs 당신의 전자우편 프로그램

Email me 전자우편을 저에게 보내주세요.

Emoticon --:-) 감정을 표현(EXPRESSION)하는 마크 -->smiley

Enhance 강화하다,확장하다.

FAQ(frequently asked questions)
인터넷에서 빈번하게 나오는 질문을 지칭합니다. 각 그룹별로 다양한 FAQ들이 있지요

Feature-- --특징이 있습니다.

Firewall 방화벽(침입자를 막기 위한 가공의 벽)

Follow the links to- 링크를 살펴보다.

Format 포맷(보존형식)

Forum 포럼,토론의 장

Forwad 전달하다.

Freenet
프리넷, 제한없이 누구나 접속할 수 있는 시스템

Freeware
프리웨어. 무료로 자유롭게 사용할 수 있는 프로그램.

Ftp(file transfer protocol), FTP
파일 전송 방식의 한 종류

Function 기능

FDDI(Fiber Distribution Data Interface)

광섬유를 이용하여 100Mbps 정도의 속도를 내는 통신 표준으로서 주로 LAN 환경에서 이용되며 내부접근 매커니즘은 토큰링(Token Ring)을 사용한다.

Fiber Optic cable

유리나 플라스틱으로 만들어진 가는 섬유가 중앙선에 사용되는 빛을 송신하는 케이블로서 모든 정보는 빛의 형태로 바뀌어서 송수신된다.

Filter

네트웍 관리자에 의하여 송수신되는 데이터를 선별하여 보내는 기능

FINGER(핑거)

핑거 명령을 사용하여 특정 사용자에 관한 정보를 보는것.

FMS(Fax Mailing System)

가입자간에 보내고자 하는 데이터를 이기종 매체(PC-FAX)를 통하여 송수신할 수 있도록 구현하며 공중전화망(PSTN)상에 접속된 팩스 이용자에게 PC에서 작성된 전문을 FMS를 통하여 정보를 축적, 전송, 동시적

방법으로 이 기종간의 상호통신을 주행한다.

FRAME RELAY (프레임 릴레이)

라우터를 통한 광역 LAN 상호 연결과 같은 응용 프로그램에 적합한 고성능 패킷 교환 서비스.
이 서비스는 레벨 2 가상 연결에 근거하여 망에서 어떠한 프로토콜도 취급하지 않고 LAPD 프레임을 중계한다.

FTP(File Transfer Protocol)

네트웍에서 한 시스템에서 다른 시스템으로 파일을 전송하고 기록을 남기는 것과 같은 역할을 하는 것으로서 UNIX의 Telnet과 TCP/IP 규약을 사용한다.

FYI(For Your Information)

FAQ (Frequently Asked Quenstions)

초보자들이 많이 하는 질문과 답변을 정리해 놓은 문서를 말한다.

FDDI (Fiber Distributied Data Interface)

광섬유 케이블로 100Mbps의 속도로 정보를 전송할 수 있다.

Fetch (패치 프로그램)

Fetch 프로그램은 인터넷의 FTP기능을 사용할 수 있도록 하는 매킨토시용 FTP프로그램의 하나이다.

Finger (핑거)

인터넷을 사용하고 있는 특정인에 대한 몇가지 정보를 볼 수 있는 프로그램으로 핑거를 사용하며 특정인의 메일 수신 여부, 현재 인터넷에 접속 여부, 그 상대방이 공개해 놓은 개인적인 정보를 살펴 볼 수 있다. 단. 계정이 같은 서버에 등록된 사람에 대한 정보만 볼 수 있다. (다른 서버의 사용자를 보려면 finger e-mail 주소를 하면된다.)

Firewall (방화벽)

파이어월은 인터넷과 연결된 컴퓨터에 인터넷과 연결된 외부 컴퓨터가 접속하는 것을 방지해준다. 파이어월은 보통 하드웨어나 소프트웨어에 의해 만들어지는 네트워크 구성으로 파이어월 내의 네트워크화된 컴퓨터와 파이어월 밖의 컴퓨터 사이를 경계 지워준다. PSINet에서도 CyberGuard이라는 보안 S/W 판매 서비스를 하고 있다.

Forum (포럼)

인터넷 서비스나 PC통신 서비스 안에서 흥미있는 주제와 취미등 공통의 화제에 대해 정보를 서로 교환하는 공간.

Frame (프레임)

윈도우가 창이라면 프레임은 창틀이다. 윈도우 화면을 여러개로 나누어 서로 다른 내용을 담아 보여줄 수 있는데 각각의 부분을 프레임이라고 한다.

FTP (File Transfer Protocol)

자료의 보고로 알려진 인터넷에서 인터넷의 다른 호스트에서 필요한 자료를 가져오는 기능.
인터넷에서 컴퓨터 간의 화일 전송을 위한 프로토콜

Full-duplex/ Half-duplex (전이중 방식/ 반이중 방식)

데이터 전송을 할 때에 동시에 양방향으로 송수신할 수 있는 것을 full-duplex 방식, 한 번에 한쪽 방향으로만 데이터를 보내는 것을 half-duplex방식이라 한다. Full-duplex 방식과 달리 Half-duplex방식은 일정 블록의 송신을 끝내고 나서 상대측이 수신 모드에 들어갈 때까지 이 쪽에서 송신 중지 명령을 보낼 수 없기 때문에 송수신 반응이 늦다.

FYI (For Your Information)

RFC와 같은 인터넷 운영의 보조적 문서 화일로 RFC가 기술적인 면에 치중하는 반면 FYI는 Information에 비중을 두고 있다.

Game Land (게임랜드)

Game Land는 종합 웹 서비스인 iWorld에서 제공하는 게임 코너이다. 지금 현재는 IGS (Internet Go Service)라고 하는 바둑 서비스와 오목, 칼리(KALI)등이 제공되고 있다.

Gold Service (골드 서비스)

(주)PSINet 인터넷 서비스 종류의 하나이다. PPP접속과 Shell 접속 모두 가능하며 인터넷의 모든 기능은 다 사용할 수 있다. 인터넷 사용량이 많거나 여러가지 서비스를 사용하는 사용자들을 위한 서비스이다. 요금은 월 22,000원이며 이용시간에 제한이 없다.

GATEWAY

두개의 분리된 통신 네트워을 이어주는 컴퓨터 노드를 가리키는 말로서 특히 LAN 사이에서 중계를 담당하는 컴퓨터를 말한다.

GOPHER

미국 미네소타 대학에서 캠퍼스 내의 정보안내 시스템에서 출발한 인터넷상의 분산된 각종 자료를 찾고 전송해주는 서비스로 WWW이 나오기 전까지 정보찾기 도구로 많이 사용되었으며 pop-up 형식으로 메뉴 구조 형태를 가졌다.

GIF(Graphic Interchange Format)

움직이는 이미지 파일입니다 인터넷에서 주로 쓰이지요
GIF파일로 만든 그림들은 잘 구며 놓으면 아주 예쁩니다.

GUI(Graphic User Interface) 윈도프로그램이나 맥킨토스같은 운영시스템

Gopher 고퍼, 네트워크 상에서의 정보 검색 통신 방법의 한 종류

Grarantee-- --을 보장하다.

Homepage HOMEPAGE

Host 호스트 컴퓨터

Host unknown 찾으려는 서버를 찾지 못했을 때 나오는 메시지

HotJava 핫자바, 자바 언어를 실현할 수 있는 웹 브라우저

HTML 웹 페이지를 구성하는 언어.

Http HTML을 웹상에서 송수신하기 위해 정해 놓은 규칙

Hypertext 하이퍼텍스트, 문장의 어떤 부분을 클릭하면 다른 HOMEPAGE로 바로 옮겨가는 기능을 가진 문장이나 그 기능.

HUB

Repeater에서 나온 AUI 신호를 다시 UTP 케이블을 통하여 각 클라이언트로 분배하는 중개장치이다.

HYPER LINK

거미줄과 같은 데이터 링크를 말한다. 계층구조 상에서 각각의 데이터들은 하나의 개체가 되어 다른 개체를 연결할 수 있다.

HYPER MEDIA

Hyper text의 확장된 개념으로 일반 문서뿐 아니라 다양한 형식의 개체(이미지, 오디오, 동영상 등)로 여러 종류의 정보를 결합해 놓은 것.

Hacker (해커)

시스템, 특히 컴퓨터와 컴퓨터 네트워크의 내부 작동 원리를 이해하는데 즐거움을 느끼는 사람. 나쁜 의미로 잘못 사용되는 경우도 있는데 이럴 때는 크래커가 올바른 표현이다.

Helpers (Helper Application)

Helpers란 넷스케이프를 도와주는 프로그램

Host Computer (호스트 컴퓨터)

처리의 중심이 되는 컴퓨터.
각각의 컴퓨터 통신 이용자가 접속을 하면 전화는 모드 이 호스트 컴퓨터에 접속된다. 이는 여러명의 이용자가 접속하여 동시에 이용할 수 있도록 된 대형 컴퓨터 시스템을 말한다.

HotDog (핫도그)

핫도그 프로그램은 Sausage Software사에서 개발한 홈페이지 작성에 유용한 도구로서 쉽고 편리하게 HTML 태그들을 사용할 수 있게 해주는 HTML Editor이다. 이 프로그램을 이용하면 일일이 HTML 태그를 입력하여 홈페이지를 만드는 수고를 덜 수 있다.

HotJava (핫자바)

핫자바는 단적으로 말하면 웹브라우저이다. 넷스케이프, 익스플로러 등과 같은 웹브라우저인데 다른점은 자바로 만든 프로그램을 실행시켜서 볼 수 있는 자바 가능 브라우저이다. 물론 자바로 만들어졌다.

Hub (허브)

네트워크 장비로 호스트나 라우터 들이 한 곳에 연결되어 있는 장비를 말한다. 예를 들면 허브는 가정에서의 두꺼비집에 비유할 수 있다. 하나의 주전력선이 가정으로 연결되면 이것은 두꺼비집에 연결된다. 주전력선이 연결된 두꺼비집에 여러 가지 회로가 연결되어 가정에 전기를 공급하는 기능을 하는 것처럼 허브는 클라이언트와 서버가 통신할 수 있는 중심적인 영역이다. 네트워크상의 정보는 허브를 통해 목적지로 전달된다.

Hyperterminal (하이퍼터미널)

윈도우즈95에 자체적으로 내장된 통신 프로그램이다. 즉, 이야기와 같은 프로그램이라고 생각하면 된다. 그러므로 하이퍼터미널이 설치되어 있지 않은 경우에는 이야기 프로그램을 이용하여도 된다.

Hypertext (하이퍼텍스트)

특정 데이터 항목이 다른 문서와 링크 관계를 가지고 있는 문서를 가리킴. (하나의 문서에서 특정 항목(부분)을 선택하면 그와 관련된 문서로 연결되어 계속 정보를 볼 수 있다.)

IBPS (Internet Business Park Service)

Internet Business Park 서비스란, PSINet가 제공하는 Internet Hosting 서비스의 새로운 명칭으로 기업이 자체적으로 Internet 서버를 운영할 수 없거나 고속의 백본(BackBone)에 Internet 서버를 운영하고자 하는 기업의 홈페이지를 합리적인 비용으로 개설하여 운영해주는 서비스이다.

iCHAT (아이채트)

아이채트(iCHAT)는 넷스케이프나 인터넷 익스플로러와 함께 사용할 수 있는 인터넷 채팅 프로그램이다.

ID (아이디) 컴퓨터 통신을 사용하는 사람들의 애칭

IETF (Internet Engineering Task Force)

IETF는 인터넷에 관련된 기술의 연구나 개발 및 제안을 하는 조직이다. 인터넷에 관한 모든 기술에 대해서 여기에서 논의되고 있다.

Image map (이미지 맵)

이미지 맵은 WWW 사이트의 홈페이지 중 이미지에서 링크될 해당 구역에 따른 URL을 할당함으로써 이루어지게 되는 것이다. 즉 이미지를 클릭하면 지정된 웹사이트로 접속이 된다.

InfoSeek (인포시크)

종합적인 검색 서비스를 제공하는 사이트이다. 일반적인 웹 사이트 내용 이외에도 뉴스그룹 기사, 기업체 소개 자료, 전자우편 주소록, 뉴스 등을 대상으로한 검색 서비스도 함께 제공한다. 뿐만 아니라 목록 서비스도 제공하므로 정보 검색을 위한 대표적인 사이트로 손색이 없는 곳이다. 한 때 유료 서비스였던 적도 있지만, 이제는 무료 서비스로 전환되어 보다 편리하게 이용할 수 있게 되었다.

Internet phone (인터넷 폰)

인터넷 폰이라는 보컬텍사에서 개발한 소프트웨어를 가지고 인터넷에 연

결되어 있는 사용자들과 음성으로 대화를 나누는 것. 즉 이것은 인터넷을 통한 실시간 음성 대화가 시내전화 요금만으로 가능하다는 것을 의미한다.

Intranet (인트라넷)

인터넷이 등장하면서 새롭게 대두된 것이 인트라넷으로 기존 사무실 환경의 그룹웨어를 대체하는 개념으로 등장하였다. 인터넷과 동일한 TCP/IP 프로토콜을 사용하는 사무실 내의 네트워크를 인트라넷이라 한다. 그룹웨어는 사용자마다 프로그램을 설치하는 번거로움과 업그레이드시 많은 비용과 시간이 들었지만 인트라넷을 이용하면 이러한 단점을 극복할 수 있으며 웹브라우저로 인트라넷을 사용한다. 자연스럽게 인터넷과 연결할 수 있는 것이 큰 장점 중 하나이다. 인트라넷은 인터넷의 대중화와 웹브라우저의 기능 향상, TCP/IP를 기반으로 한 응용 프로그램의 확충으로 더욱 그 시장을 넓혀가고 있다.

IP Address

숫자로 이루어진 각 컴퓨터의 인터넷 상 주소. 도메인 주소와 달리 숫자를 사용하며 실질적으로 컴퓨터가 인식하게 되는 주소

IPX/SPX

노벨사의 네트워크 OS인 NetWare를 구성하는 프로토톨 중 하나이다.

IRC (Internet Relay Chat)

talk의 기능을 발전시켜 만든 프로그램으로, 국내의 컴퓨터 통신에서 제공하는 대화방(chatting)과 같은 서비스로 인터넷상에 연결되어 있는 모든 네티즌과 대화할 수 있다. 특정한 주제에 대한 채널을 개설하고 그 곳에 여러 사람들이 들어가서 이야기할 수 있는 서비스이다.

ISDN (Integrated Services Digital Network)

전화, 데이터 통신, 팩시밀리 등 서로 다른 통신 서비스를 통합적으로 제공하는 디지탈 통신망. 디지탈 회선을 이용해서 음성을 포함한 데이터를 효율적으로 전송하며 각종 통신 서비스의 형식을 통합하여 하나의 회선으로 일원적으로 제공한다. 일반 가정이나 기업을 연결하고 있는 전화중심의 아날로그 통신망을 데이터 통신등 전화 이외의 서비스에도 적용시킨 디지탈 회선망으로 변화하는 것이 ISDN의 목적이다. 이용자가 있는 곳까지 디지탈 회선이 되기 때문에 모뎀이 없어도 직접 디지탈 데이터를 송수신 할 수 있다.

ISOC (Internet SOCiety)

인터넷을 국제적으로 대표하고, 기술개발이나 운용 관리사의 제반 문제를 총괄하는 조직이다. Internet Society는 1992년부터 활동을 개시하고 있고 지금까지 여러 가지 경위로 창설되어 존재하고 있는 인터넷 관련 조직을 이 Internet Society가 총괄하는 형태로 편성되어 있다.

INODE

유닉스 화일 시스템에서 화일에 관한 기본적인 정보를 담고있는 구조 인터페이스의 사용자 측을 말한다.

INTER NIC

인터넷의 네임 서비스 및 망 관리를 담당하는 기구로 한국의 경우 KRNIC이 있다.

INTERNET

TCP/IP 프로토콜을 기반으로 하여 1969년에 미국방 정보용 ARPANET이 발전되어 전세계적으로 하나의 망으로 묶여 있는 네트워크를 말한다.

IP ADDRESS

인터넷에서 사용하는 주소로 마침표로 구분된 네개의 숫자로 표시된다. 이 숫자 하나하나는 NIC에서 부여받으며 네트워의 규모에 따라 등급이 주어진다.

IPX(Internet Packet Exchange)

처음으로 인터넷에서의 패캣 전송을 위한 특별한 규약이었으나 노벨사에서 사용하는 전용규약처럼 되었다.

IRC(Internet Relay Chat)

인터넷에서 다수의 사용자들과 실시간으로 On-Line 대화를 할 수 있는 도구.

ISO(Internatinal Orgnization for Standardzation)

ISP(Internet Service Provider):인터넷서비스제공기관

ISP는 개인 또는 기업체가 인터넷을이용할 수 있는 서비스를 제공하는 기관이다. 국내의 ISP는 교육, 연구 목적으로 사용되는 네트워크를 제공하는 비영리망과 일반적으로 요금을 내고 사용되는 영리망의 두 종류가 있다.

Icon 아이콘

Identification 이름 확인

IMHO(in my humble opinion) 제 의견으로는, 외람되지만

Information 정보

Inquiry 질문,질의라는 무역에서 자주나오는 단어

Install 인스톨, (소프트웨어를)설치하다. 이단어를 모르시면 컴퓨터에 프로그램을 깔수가 없지요

Input 정보 제공

IP(INTERNET Protocol) INTERNET 프로토콜.

IRC(INTERNET Relay Chat) 리얼타임 채팅

JPEG

이미지 저장 기준의 한 종류, 보편적인 그림화일의 종류입니다.

Jump 직접 들어가다.

Junk mail 불필요한 메일, 상업적인 메일

Get junk mail 불필요한 메일이 오다.

Javascript

전문적인 프로그램 언어인 자바를 일반인이 이해하기 쉽고 웹 문서 작성에 활용할 수 있도록 미리 만들어 놓은 스크립트 언어이다. 자바와는 달리 애플릿으로 만들지 않고 웹 문서에 작성해서 올리면 웹브라우저가 해석해 보여 주기 때문에 소스가 공개된다.

JAVA (자바)

자바는 단적으로 말하면 프로그래밍 언어이다. 즉, BASIC, C, Fortran, Pascal등과 같은 프로그래밍 언어이다. 여기서 더 나아가서, 객체 지향 프로그래밍 언어이며, 기본적으로 C++을 기반으로 만들어졌다. 처음 자바가 등장하면서 강조한 점은 웹에서의 인터렉티브 컨텐트이다. 즉 정적인 웹 페이지를 동적으로, 사용자와 상호 대화할 수 있도록 다이나믹하게 만들어 준다는 것이다.

KRNIC (KoRea Network Information Center)

KRNIC에서는 국내 인터넷의 기능 유지와 이용 활성화를 위하여 인터넷 이용 기관을 위한 IP주소 및 도메인 등록 서비스를 수행하고, 주요 정보 서비스를 제공하고 있다. 또한 국제적으로는 한국을 대표한 인터넷 공식 기구로, 상위 인터넷 정보센터(APNIC)와 정보교환, 업무협력, 기술 교류 등의 활동을 수행하고 있다.
이름(도메인명)은 "유일"해야 하기 때문에 강력한 권한을 가지고 "중복"이 되지 않도록 해야 한다. 이러한 일련의 역할을 하며 중재를 하는 곳이 "NIC(Network Information Center)"이다. 국제적으로는 InterNIC이 있고 태평양 지역에는 APNIC이, 한국에는 KRNIC이 있다. .com, .net, .edu, .org, .gov등의 관리는 InterNIC에서 하며 .co.kr, .nm.kr, .go.kr, .ac.kr, .or.kr등의 관리는 한국 전산원 (KRNIC)에서 담당한다.

Kbps 매초 1 킬로비트의 속도

Keypal 키펠(네트워크상의 펜팔 상대) PAL은 친구라는 뜻이지요.

Keyword 포인트가 되는 WORD

LAN(Local Area Network) 사내 네트워크

Last modified on --
--에 갱신된 것이 가장 최근입니다.

Links-- --에 연결되어 있다.

List 메일링 리스트

Log on to- --에 로그 온하다.

Logout
접속을 끊다. 접속이 자주 끊기면 정말 짜증나지요 특히 전화모뎀를 사용할때에는 더욱 그렇습니다.

Lurk 읽기만 함

Lurker 읽기만 하는 사람들

LAYER

프로토콜 계층을 말하며 컴퓨터를 연결하는 네트워크는 하나 이상의 서로 다른 계층의 프로토콜에 의해 구성되며 TCP/IP는 3~4 계층에 해당됨.

LISTSERV

메일링 리스트를 자동으로 관리해 주는 프로그램의 그룹으로 리스트(목록)에서 우송된 메시지를 처리하고 회원의 가입과 탈퇴 등 회원 관리를 처리한다.

Lycos (라이코스)

비교적 빠른 검색 속도와 이해하기 쉬운 형태의 결과를 제공하는 검색 서비스 사이트이다. 초기에는 단순한 검색 엔진 기능만 제공하였으나, 최근에는 Lycos사의 다른 서비스인 A2Z Directory, Point.Com과 연동되는 부가적인 기능이 추가되었다. 가장 유명한 검색 엔진 중의 하나이므로 인터넷상의 정보사냥에 관심 있는 분들은 반드시 알아두어야 할 사이트이다.

Lynx (링스)

링스는 윈도우즈를 사용할 수 없는 열악한 PC환경에서 쓰거나 또는 그래픽 이미지는 제외하고 필요한 전문 정보만 검색하는데 필요한 텍스트 모드 웹브라우저이다.

MacTCP

MacTCP는 매킨토시를 TCP/IP 프로토콜상에서 사용할 수 있도록 해주는 조절판용 파일이다. 애플의 MacTCP는 시스템 7.5부터 기본으로 제공되고 있다. 시스템 7.5.2에서는 TCP/IP조절판용 파일을 제공한다. 사용법은 MacTCP와 동일하다.

Mailing List (메일링 리스트)

메일링 리스트란 전자우편을 이용하여 관심있는 주제를 토론하는 서비스이다. 인터넷 이용자가 특정 호스트에 전자우편을 보내어 토론 그룹에 가입함으로써 토론 내용을 구독하고 글을 게시하는 방식으로 운영되고 있다.

Mbone (Multicast backbone)

인터넷에 연결돼 있는 호스트들의 수가 크게 증가해 동일한 메시지를 받고자 하는 대상이 여럿인 경우가 많고, 또한 이런 복수 전달을 효율적으로 하기 위한 대상이 여럿인 경우가 많고 또한 이런 복수 전달을 효율적으로 하기 위한 요구도 크게 증가했다. 그리고 네트워크들을 연결하는 링크의 속도도 빨라지면서 네트워크 상에 텍스트나 이미지 데이터뿐 아니라 텍스트 데이터보다 10배이상 큰 오디오나 비디오 데이터를 전송하려는 시도가 활발히 이루어지고 있다. Mbone(Multicast backbone)은 이러한 요구를 모두 만족시키기 위한 방법중 하나로 만들어진 가상의 네트워크다. 즉, 인터넷 상에서 화상회의와 같이 여러 참가자가 있고, 이들간에 오디오나 비디오 같은 멀티미디어 데이터를 전송하는 애플리케이션을 가동하기 위해 만들어진 '가상 네트워크' 혹은 '시범 네트워크'이다. 여기서 가상 네트워크라고 하는 것은 호스트와 호스트간에 전송 라인으로 연결해 만들어진 실제 네트워크가 아니라, 기존의 인터넷에 연결돼 있는 호스트들을 소프트웨어적으로 처리해 마치 또 다른 네트워크가 인터넷 위에 있는 것처럼 보이도록 했기 때문이다. 또한 현재 사용되고 있는

TCP/IP 프로토콜이 아직 제공하지 못하는 기능들을 시험하기 위해 만들어졌기 때문에 시범 네트워크라고 한것이다.

Meta Engine (메타엔진)

다른 검색 엔진들의 검색 결과를 받아서 종합해 보여주는 것이므로 종합적으로 정보를 빼놓지 않고 찾을 수 있다. 하지만 각 검색 엔진만의 특징을 사용하지 못하고 그 결과를 얻어내는데 너무 많은 시간이 걸린다는 단점이 있다.

MIME (Multipurpose Internet Mail Extensions)

MIME프로토콜은 인터넷 통신에서 여러 포맷의 문서를 전송하기 위해 사용된다. 이 프로토콜은 원래 문서 내용의 포맷과 컴퓨터상에 나타나는 문서 포맷간의 관계를 설정하는 것으로 복잡한 파일 포맷을 관리한다. MINE을 사용하는 응용 프로그램은 전송된 문서의 내용을 처리하기 위해 필요한 소프트웨어의 유형을 설정한다. 적절한 보조 프로그램 설정을 하고 소프트웨어의 도움을 받으려면 Netscape는 자동적으로 여러가지의 포맷으로 전송되는 내용과 접속할 수 있도록 필요한 업무를 수행한다.
MINE은 서로 다른 파일 포맷을 조직하는 표준화된 방법을 말한다. 이 방법은 파일의 MINE유형에 따라 파일 포맷을 조직한다. Netscape는 MINE 유형을 이용하여 소프트웨어에 내장된 기능으로 파일 포맷이 읽을 수 있는지, 만약 그렇지 않으면 파일을 읽을 수 있는 적절한 보조 프로그램이 있는지를 확인한다. 파일의 MIME 유형을 제공하지 않는 서버에 대비하여 Netscape는 파일의 확장명을 해석한다. 예를 들어 index.html 파일 이름에 있는 html 확장명은 HTML 포맷의 파일을 나타a

내는 것이다.

Mirror site (미러 사이트)

미러 사이트는 말 그대로 거울이 되는 사이트를 말한다. 좋은 프로그램과 자료가 있는 사이트의 공개 자료를 다른 호스트에 복사해 두는 것을 미러링 한다고 한다

Modem (모뎀)

컴퓨터의 디지탈 신호를 아날로그 신호를 사용하는 전화망에서 주고 받을 수 있게 해주는 장치. 즉 기존의 전화망은 아날로그 신호를 사용하기 때문에 디지탈 신호를 사용하는 컴퓨터 신호를 전송하기 위해서는 이를 변환해 주는 장치가 필요하다. 모뎀이 바로 그것이다.
변조(Modulation): 컴퓨터에서 받은 디지탈 신호를 아날로 그 신호로 바꾸는 작업. 복조(DEModulation): 아날로그 신호를 원래의 디지탈 신호로 바꾸는 작업.

MS-Word Viewer

세계적으로 가장 많이 사용되는 워드프로세서 중의 하나인 MS-Word를 웹상에서 볼 수 있다. 쉽게 파일을 다운로드받고 설치도 간단하다. 웹상에서 문서를 편집 및 저장할 수 있다.

MUD (Multi-User Dungeon, Dimension)

인터넷 상에는 많은 온라인 게임들이 존재한다. 그 중에는 바둑이나 체

스처럼 두 사람이 하는 게임도 있지만 다수의 사용자가 참여하는 게임을 머드(MUD) 게임이라 한다.

MAIL GATEWAY

서로 다른 방식의 네트워크 사이에서 E-Mail을 전송하는 다리 역할을 하는 호스트입니다. 게이트웨이는 메일 전송과정 도중에 전송할 네트워크의 표준에 맞게 주소와 E-Mail의 헤더를 재구성합니다.

MEDIA

Lan 장치 또는 노드간에 물리적인 채널을 형성하는 데이터 경로를 말하는데 메체의 종류로는 Twisted pair wire 동축케이블, 광케이블 무선파를 이용하는 자유공간

MOSAIC

1986년 1월에 설립된 일리노이 대학내의 NCSA(National Center for Supercomputing Applications)에서 Web 검색을 위해 제작된 Web 브라우징 프로그램

MPEG 동영상 저장 방식의 한 종류

NAVIGATION

하이퍼텍스트 시스템에서 각각의 주제어를 선택하고 이동하며 보여준다

는 의미.

NETBIOS(Network Basic Input/Output Systems)

네트워크 하드웨어를 네트워크 운영체제와 연결시키는 전송 프로토콜

NETIQUETTE

네트워크 상에서의 에티켓을 말하는 것으로, Network와 Etiquette 두단어의 합성어이다.

NETSCAPE Web Browing을 위해 개발된 하나의 프로그램의 이름

NFS(Network File System)

다른 컴퓨터의 디스크에 저장된 정보를 하나의 화일 시스템처럼 사용하게 해주는 네트웍 서비스

Network

서로 연결되어 한 곳에서 다른 곳으로 정보를 전달할 수 있는 장치들의 그룹을 말하며, 지역 네트웍의 두 종류가 있다.

NIC

네트워크의 정보를 관리하는 기관. 이 중에서 인터네트의 모든 정보들을

총괄 관리하는 곳이 InterNIC (인터네트상의 IP주소들을 관리하고 새로운 도메인 네임을 등록하는곳)이다.

NCSA (National Center for Supercomputing Applications)

미국 Urbana Champaign 소재 일리노이 대학교에 자리잡은 슈퍼컴퓨팅 관련 응용을 연구하는 국립연구기관이다. 이곳에서는 모자익을 제작 배포한 것으로 유명하다.

Netiquette (넷티켓) 인터넷과 같은 네트워크상에서 지켜야 할 예절

Netizen (네티즌)

네트워크(network)와 시민(citizen)을 결합한 용어로서 '네트워크 시민'으로 번역할 수 있다.

NetMeeting (넷미팅)

넷미팅은 마이크로소프트사에서 자사의 인터넷 브라우저인 인터넷 익스플로러3.0 한글판과 함께 발표한 인터넷 전화 프로그램을 말한다. '인터넷 미팅'이라는 이름의 넷미팅은 음성 통화는 물론 텍스트 채팅, 화이트보드를 이용해 그림을 그려 의사를 전달할 수도 있다. 네트워크 회선 속도와 상태에 따라 조금씩 달라질 수 있으나 최대32명까지 동시에 회의를 할 수 있고 음성통화, 채팅 이외에도 응용 프로그램 공유기능이 있어 하나의 응용 프로그램을 실행 시켜 놓고 최대 3명이 같은 작업을 할 수 있는 장점이 있다.

Netscape Navigator (넷스케이프 네비게이터)

1994년 발표된 이후 널리 사용되고 있는 웹브라우저로 사용자가 사용하기 편리하고 뉴스, 메일, 인터넷 검색등의 기능까지 통합하고 있다. 특히 문서나 그림등의 정보를 전송받는 대로 내용을 화면에 출력 도중에도 다른 웹페이지를 연결할 수 있는 기능을 갖추고 있어 매우 빠르게 동작하는 것과 같은 효과를 준다.

NetWare (넷 웨어)

노벨사의 네트워크 OS제품. NetWare는 PC용의 네트워크 OS로서 세계적으로 많이 사용되고 있다. NetWare는 PC용의 네트워크 OS로서 세계적으로 많이 사용되고 있다. NetWare 자체도 IPX/SPX 등의 프로토콜로 이루어진 프로토콜 체계. 또는 네트워크 체계로 볼 수도 있다.

Network (네트워크)

두 대 이상의 컴퓨터를 케이블 등으로 연결하여 서로 데이터를 교환할 수 있도록 만든 시스템.

Net2Phone

인터넷 폰이나 넷미팅은 PC대 PC로서 발신, 수신 둘 다 인터넷 망에 접속이 되어 있어야지만이 가능하지만, Net2Phone은 PC대 일반 전화기로 사용이 가능하므로 발신인만 인터넷에 접속이 되었으며 인터넷을 통한 전화 통화가 가능하다.

NIC (Network Information Center)

인터넷은 사용자를 포함한 다양한 정보자원이 전체 네트워크에 산재되어 있는 정보 사회의 기반 구조 중 하나로 볼 수 있으며, 이러한 자원을 효율적으로 사용하도록 지원하는 기능 및 인터넷을 사용하기 위해 필요한 자원(IP주소, 도메인 이름 등)을 제공하는 역할을 하는 것이 망 정보 센타(Network Information Center)이다.

NNRP (Network News Reader Protocol)

뉴스 프로그램(ex : Agent, Netscape News)이 뉴스 서버와 연결하여 저장하고 있는 뉴스를 볼 수 있도록 해주는 프로토콜(통신규약)이다.

NNTP (Network News Transfer Protocol)

인터넷 상의 뉴스 서버간에 뉴스를 주고 받기 위한 역할을 하는 프로토콜(통신규약)을 말한다.

Noise (노이즈) 정상 신호를 방해하는 신호를 말한다. 일종의 잡음.

Newbie 초보자. 새로 등록한 사람들

Netsurfers INTERNET USER.

Offline 네트워크를 읽을 수 없는 상태

Offline meeting 얼굴을 보고 실제로 만나는 것

On-line (온라인)중계 서비스

PSINet는 세미나, 기념식등 각종 행사를 인터넷을 통해 생중계하는 온라인 중계 서비스를 제공한다. 이 서비스를 이용하게 되면 Mbone, RealAudio, StreamWorks, CU-SeeMe 등의 다양한 기술을 이용하여 행사를 전세계에 중계할 수 있다. 이를 위해 Web Page를 제작하여 행사에 대한 소개, 필요한 소프트웨어에 대한 안내를 하여, 네트워크를 통해 행사에 참여하는 사람은 간단히 마우스만 누르면 현장 중계를 볼 수 있다.

ODA(Office Document Architecture)

네트웍에서 자료 이동이 가능한 텍스트, 그래픽, 팩시밀리 등의 화일 형식의 표준

OSI

데이터 통신을 위한 규약과 시스템의 표준을 정의하며 물리계층, 네트워크계층, 트랜스포트계층, 세션계층, 프리젠테이션게층, 응용계층등 1에서 7계층으로 이루어져 있다.

OSPF(Open Shortest Path First routing protocol)

라우팅 프로토콜중에 하나 TCP/IP규약에서 사용되며 각 라우터는 각 링크간 현재상황에 대한 정보를 교환한다.

PING

ICMP(Internet Control Message Protocol)을 이용하여 시스템간의 송수신을 시험하는 것

Port

다른 컴퓨터에 접속하기 위해 telnet.ftp할때 터미널 세션에 자동적으로 접속되는 프로그램을 식별하기위한 번호

POST

인터넷에서 게시판에 해당하는 뉴스 그룹에 글을 쓰는 것을 포스트라 표현한다.

PROXY

WWW상에서 상대편의 호스트에 여러 경로를 경유하지 않고 (A -> B -> C -> D -> E) A는 E의 호스트의 정보를 곧바로 access하는 것을 뜻합니다. 즉 Cache(캐시)와 같은 역할을 해주는 것으로 대용량의 저장 능력을 가진 로컬 호스트에서 종종 운영을 하고 있습니다.
KORNET proxy : cache.kornet.net port : 3128

PSDN Packet Switched Public Data Network의 약자로 패킷교환공중데이타망

RAS(Remote Access Service)

원격지 pc 이용자의 server 처리및 다양한 기능제공을 RS-232C 케이블을 통해 별도의 pc없이 파일서버에 등록된다. RAS를 사용하면 원격접속자는 직접 네트워크에 연결된 것처럼 사용할 수 있다.

PSN(Packet Switch Node)

패킷 전송 방식의 네트워크에서 패킷을 받고, 변환하고, 전송하는 것을 목적으로 하는 컴퓨터

Packet (패킷)

네트워크에서 전송되는 데이터의 기본 단위. 데이터의 집단.

PCN (PointCast Network)

PCN은 포인트 캐스트사에서 발표한 실시간 뉴스 전달 프로그램으로 "데스크 탑 위의 CNN"이라 불리고 있다. 무료로 제공되는 이 서비스를 이용하면, 전문가가 선정한 주요 기사를 보여주는 기존 매체의 장점에 사용자가 취향에 따라 분야를 선택할 수 있는 포인트캐스트만의 특성이 결합해 필요할 때마다 뉴스를 볼 수 있다. PCN으로 보는 뉴스는 로이터통신, PR뉴스와이어, ESPN, Accu-Weather등에서 제공받는다. 또한 화면보호기로 지정해 놓으면 일정 시간마다 최신 뉴스와 광고, 증권정보 등을 보여준다.

PGP (Pretty Good Privacy)

PGP는 'Pretty Good Privacy'라고도 불리는 데이타를 암호화(변조)하고 해석해 주는 프로그램이다. 예를 들어 PGP는 'Andre'라는 단어를 암호화해 '457mRT%354'라고 보이도록 만들어 줄 수 있다. 만약 PGP 프로그램을 갖고 있다면 멋대로 보여지는 글을 다시 'Andre'로 복호화(암호화를 풀어준다는 의미이다) 해줄 수 있다.

Plug-in (플러그 인)

웹브라우저 도움 프로그램으로 넷스케이프 네비게이터의 Helper application은 또 다른 응용 프로그램을 새로 실행시켜야 한다는 단점을 가지고 있어 이를 보완하기 위해 만든것이 Plug-in이다. 넷스케이프사의 기술 전략으로 대변되는 플러그인 프로그램이란 인터넷에 속속 등장하는 새로운 기술을 이용할 수 있도록 네비게이터에 기능을 덧붙여 주는 기능으로 설치와 동시에 네비게이터에 자동으로 등록을 해주므로 프로그램 사용자들의 수고를 많이 덜어준다. 현재 네비게이터3.0에서 자체적으로 내장하고 있는 플러그인 프로그램인 LiveAudio, Live3D, Live Video를 통해 aiff, midi, wave형태의 사운드 파일들을 특별한 프로그램 없이 들을 수 있다.

POP (Post Office Protocol)

사용자가 쉘 계정이 있는 호스트에 직접 접속하여 메일을 읽지 않고 자신의 PC에서 바로 유도라나 넷스케이프 메일을 이용하여 자신의 메일을 다운로드 받아서 보여주는 것을 정의한 프로토콜이다. POP, POP2,

POP3 3개의 버젼이 있고 상위 호환성이 없다.

POP (Point Of Presence)

네트워크에 접속할 수 있는 도시. 예를 들어 'PSINet는 대구, 광주에 POP가 있다'라고 하면 그것은 대구, 광주에는 PSINet 접속번호 (leased-line)가 있다는 것이다.
통신 장치(디지틀 전용, 멀티 프로토콜 라우터 등)의 집합을 가진 사이트.

POP3 (Post Office Protocol 3)

PC상에서 유도라 또는 넷스케이프 메일과 같은 윈도우용 메일 프로그램을 이용해서 메일을 사용 가능하도록 해주는 프로토콜이다.

Port (포트)

모뎀과 컴퓨터 사이에 데이타를 주고 받을 수 있는 통로를 말한다. 보통 com1, com2라고 이야기 하는데 통신 포트1, 통신 포트2 를 의미한다. 만일 통신 포트가 잘못 설정되어 있다면 통신 프로그램에서 글씨 입력이 되지 않는다. 이런 경우 일단 통신 프로그램에서의 모뎀 포트 설정과 실제 모뎀 포트가 서로 맞는지 확인하여야 한다.

Post

글을 올리는 것

Pseudo SLIP (가상 SLIP)

쉘 어카운트에서 SLIP을 흉내내 주는 가상 프로토콜이 가상SLIP이다. 물론 SLIP/PPP서비스를 100% 이용할 수는 없지만 여러 가지로 따져서 80% 이상(?)은 실력을 발휘한다. SLIP/PPP를 사용하기 위해서는 윈도우즈에 트럼펫 윈속을 설치하여 환경을 만들어 주면 된다. 그렇지만 가상 SLIP은 윈도우즈에 소켓 프로그램을 설치하고 또 호스트에 이를 지원하는 프로그램을 설치하고 또 호스트에 이를 지원하는 프로그램이 설치되어 실행되어야 한다.

Platform

네트워크를 연결해준 접속 회사,시스템,학교

Protocol 컴퓨터를 연결하는 규칙,언어

Provider INTERNET 서비스 제공회사

Pulse 펄스,전화 신호의 한 종류

Query 질문

QuickTime(Movie) 퀵타임 무비,디지털 동영상 프로그램

REMOTE LOGIN

먼 거리에 있는 컴퓨터를 자신의 컴퓨터처럼 사용할 수 있도록 해주는 서비스로 두 가지의 로그인 방법이 있습니다. telnet과 rlogin 이라는 방법이 있는데 두가지 서비스가 큰 차이는 없습니다. 원격지 로그인을 하면 사용자명과 비밀번호를 입력하고 나면 상대방 호스트의 프롬프트 상태로 전환이 됩니다. 이때부터는 접속된 호스트가 자신의 컴퓨터로 생각을 하고 사용하면 됩니다.

Repeater

거리가 원거리일 경우 케이블을 통과하면서 감소된 신호를 증폭 시켜주고 케이블과 케이블을 연결해 주는 기기이다.

RIP(Routing Information Protocol)

TCP/IP에서 사용되는 라우팅을 위한 프로토콜로서 접속 가능한 네트워크에 대한 주소와 모든 지점을 연결할 경우의 용이성에 대한 등급을 나눈표를 가지고 있다.
작능 네트워크에 적합하고 HOP수에 의하여 Routing경로를 결정한다. 최대 15HOP까지 지원하며 매 30초마다 자신이 가지고 있는 정보를 Broadcast한다.

Root

시스템 관리자가 수퍼 사용자가 될 필요가 있을때 사용하는 아이디

Router

네트웍의 현상태를 계속 파악하면서 현장소에서 다른 곳으로 패킷을 전송해 주는 장치이며 보통 1개의 Ethernet 또는 토큰링 포트와 2-3개의 Serial 포트를 가지고 있다.
지원하는 라우팅 프로토콜은 RIP, OSPF, BGP등...

RS-232C 널모뎀

같은 장소에 물리적으로 연결되지 않은 두개의 네트웍크가 있는 경우 하나의 컴퓨터에서 양쪽 네트워크의 리서스를 사용하려 할때 RS-232C 널모뎀을 사용한다.

Real Audio (리얼오디오)

리얼오디오는 Progressive Networks사에 통신상에서 실시간으로 음악을 들을 수 있도록 만든 획기적인 기술을 가진 프로그램이다. 다른 형식의 사운드 파일(au, wav)은 지원하지 않는다. (리얼오디오가 나오기 전까지 통신상에서 사운드를 듣고자 할 때는 사운드 파일을 전송 받은 후 사운드 재생 프로그램을 이용해서 들을 수 있었다.)

Referral Service (레퍼럴 서비스)

Referral Service는 마이크로소프트사를 통하여 PSINet(ISP)로 개인 가입 서비스를 신청할 수 있도록 해주는 것입니다.

RFC (Request For Comments)

The Internet's Request for Comments documents series로 Internet research와 development community의 작업 노트. 네트워크와관련된 프로토콜과 서비스에 관계된 기술적인 설명서. 1969년부터 RFC Series가 시작되었고 주로 인터넷 표준 프로토콜과 관계된 경험적인 기술 축적에 관계된 내용을 담고 있다.

Router (라우터)

라우터(router)는 대규모 네트워크에 사용되는 초지능형 브리지와 같은 것이다. 브리지는 그 양쪽 컴퓨터의 주소를 모두 알고 있고, 메세지를 적절하게 전송한다. 라우터는 그보다 더 많은 네트워크 정보를 알고 있다. 라우터는 네트워크으 모든 컴퓨터의 주소는 물론이고, 다른 브리지나 라우터에 대한 정보도 알고 있어서 네트워크에 메시지를 보낼 때 최적의 경로를 결정할 수 있다. 라우터의 가장 큰 특징 중 하나는 여러 부분의 전송 선로들이 얼마나 바쁜지를 알 수 있도록 전체 네트워크의 모든 신호를 살필 수 있는 것이다. 만약 네트워크의 어느 한 부분이 바쁘다면 라우터는 그보다 바쁘지 않은 통로로 메시지를 전송하기로 결정할 수 있다. 이런한 점에서 라우터는 하늘에서 내려다 보면서 교통을 통제하는 헬리콥터와 같은 것이다. 즉 라우터는 한쪽 길이 심하게 정체되어 있으면 다른 길을 대신 이용하도록 하는 역할을 수행한다.

RS-232C

DTE와 DCE간의 정보를 주고 받을 수 있는 통신 방식 중의 한가지 표준안. DTE (Data Terminal Equipment)는 정보를 보거나 입력하는 장치 (컴퓨터에 해당) DCE (Data Communication Equipment)는 디지탈 신호를 아날로그 신호를 바꾸어서 멀리 떨어져 있는 상대방 DCE와 연결함으로써 통신을 가능하게 해주는 장비 (모뎀, DSU등)

Readme 처음에 읽어야 할 것

RealAudio

리얼오디오. 실시간으로 영상과 음악(MUSIC)을 인터넷에서 보여줍니다. 다만 음질이 좀 안좋지요

Register

등록하다. 프리웨어나 쉐어웨어를 사용하시면 정말 짜증납니다. 등록하라는 메시지 때문에

Registration 등록

Reload

리로드(신규로 다시 다운로드 하는 것)

Reply 답장을 하다.

Resource 정보원

Respond 응답하다.

Response 답장

Retrieve 검색하다,찾아내다.

Return address 반송용 주소

ROM(read only memory) 읽는 데만 쓰는 메모리

Router 데이터 전송 장치

Scrol 상하로 화면 조절

Search 검색하다,찾다.

Search engine 서치 엔진

Send messages 전자우편을 보내다.

Sever

서버, 전자 메일이나 웹 전송용 전용 컴퓨터

Setup 셋업, 부팅, INSALL과 함께 소프트 웨어 설치시 가장 많이 나오지요.

Signature

서명, 메일에서 제일 마지막에 자동으로 붙이는 자신의 서명

SLIP 슬립(접속 프로토콜의 한 종류)

SMTP 네트워크 프로톨콜의 한 종류

Spam

같은 메시지나 광고 등을 많은 리스트에 동시에 보내는 등 리스트를 이기적으로 이용하는 것

Subject 주제난, 목표

Submission 투고, 제출

Submit 리포트나 기타등 등을 제출하다, 보내다.

Subscribe to 등록 하다.

Search (정보 검색)

정보의 소재를 찾아주는 정보검색 기능

Serial transmission (시리얼 전송)

PC끼리 또는 PC와 주변기기 간의 데이터 전송방식.

Server (서버)

인터넷에서 정보 요청을 받아들이고 처리하여 결과를 제공하는 쪽의 컴퓨터나 프로그램을 '서버'라고 하고 반대로 정보를 요청하는 컴퓨터나 프로그램을 '클라이언트'라고 한다.

Shareware (쉐어웨어)

프로그램을 사용해 보고 마음에 들면 요금을 지불하는 형태의 소프트웨어. PC통신을 통해 주로 배포된다.

Shell account (셸 계정 서비스)

사용자가 유닉스 시스템으로 운영되는 호스트 에 하나의 계정을 얻고 자신의 계정으로 접속하여 셸(Shell : 유닉스 명령어 해석기)을 통해 인터넷 서비스를 이용하는 것 .

Shockwave (속웨이브)

Macromedia사의 멀티미디어 저작도구인 Director파일을 WWW상에서 볼 수 있도록 해주는 프로그램이다.

Simmany (심마니)

(주)(한글과 컴퓨터 자연어처리팀)에서 개발한 '한글 정보 검색 시스템'

SLIP/PPP

SLIP/PPP는 Serial Line Internet Protocol'과 'Point to Point Protocol'을 말한다. 일반적으로 비슷한 기능을 수행하기 때문에 함께 부르고 있다. PPP는 기존의 산업계 표준인 SLIP보다 나중에 나왔는데 고속 전송에 맞게 설계, 에러 감지 기능, 압축 기능등이 포함되어 있어 더 많이 사용한다. SLIP/PPP는 PC를 인터넷 상의 호스트 컴퓨터로 인식하게 해주는 역할을 하고 WWW서비스를 제대로 사용할 수 있고, 멀티미디어 인터넷 통신을 가능하게 해준다. (SLIP/PPP는 프로토콜명이면서 서비스명이다.)

Socket (소켓)

개인용 컴퓨터가 기존 컴퓨터 망에 접속되면서 윈도우즈를 사용하여 컴퓨터 망을 이용하는 사용자들을 위해 소켓을 윈도우즈 환경에 맞도록 정의한 것이 윈도우즈 소켓 또는 윈속(Winsock)이다.
소켓이란 뜻 자체는 어떤 물체를 꽂기 위한(연결하기 위한)구멍을 말한다. 여기서의 소켓은 자신의 컴퓨터를 인터넷 이라는 거대한 네트워크에 연결시켜주는 소켓이라 생각하면 된다. 윈도우즈에서 반드시 이 소켓을 설치, 실행시켜야만 인터넷 사용이 가능해진다.
SLIP/PPP 서비스를 이용하려면 넷스케이프, WS_FTP등과 같은 SLIP/PPP 응용 프로그램이 필요하다. 그러나 각각의 응용 프로그램 만으로는 SLIP/PPP 서비스를 이용할 수 없다. SLIP/PPP 서비스와 응용 프로그램 중간에서 중개자 역할을 하는 것이 바로 소켓 프로그램이다.

StreamWorks (스트림웍스)

StreamWorks는 미국의 Xing Technologies사에서 제작한 인터넷에서 비디오/오디오의 라이브를 가능하게 해주는 프로그램이다. 기존의 멀티미디어 데이타는 그 크기가 방대하여 다운로드하여 보기가 힘들었으나, StreamWorks는 다운로드하면서 동시에 시청이 가능한 기술을 이용하기 때문에 모뎀 사용자들은 크기가 큰 화일 전체를 다운로드할 필요가 없이 바로 시청이 가능하다.

Surroud Video (서라운드 비디오)

서라운드 비디오는 360도로 촬영한 장면을 컴퓨터 상에서 전후 좌우로 회전시켜가면서 입체적으로 볼 수 있는 이미지이다. 한국에서는 '서울에어쇼 96'에서 처음 선을 보였다. 이미지 내부에서 마우스를 드래그하면 화면이 마우스 포인터를 따라 움직인다. 인터넷 익스플로러3.0에서는 서라운드 비디오를 볼 수 있도록 필요한 구성요소를 사용자의 컴퓨터로 자동 설치한다. 넷스케이프 네비게이터 사용자는 윈도우95에서만 지원하며 플러그인을 설치하여야 한다.

Synchronize (동기)

2대의 컴퓨터 사이와 컴퓨터와 주변기기 사이에서 데이터 통신을 할 때에, 보내어 온 데이터를 읽는 타이밍이 어긋나 버리면 잘못 해석해 버린다. 이것을 막기 위해 양방향의 타이밍을 맞추는 것을 말한다. 타이밍을 맞추기 위한 신호를 동기 신호라 한다.

Synchronous method/ Asynchronous method (동기식/ 비동기식) 동기식 : 데이터 통신을 할 때에 송신측과 수신측에서 타이밍을 일치시키면서 데이터를 전송하는 통신 방식을 동기식이라 한다.
비동기식 : 시작 비트, 문자 데이터, 정지 비트의 순으로 문자 데이터를 보낸다. 한 문자 단위로 동기를 취하는 통신 방식이지만 각 문자를 송출하는 타이밍은 임의로 주기 때문에 전통적으로 비동기식이라 부른다.

SERVER

네트워 상에서 다른 컴퓨터와 화일, 프린터 등의 자원을 공유하고 있어 네트웍에 접속된 다른 컴퓨터 들에게 여러가지 서비스를 제공하는 컴퓨터

SGML(Standard Generalized Markup Language)

한 문서에서 논리 구조와 내용 구조를 기술하기 위한 메타언어 (전자도서관에 많이 이용되고 있다.)

SITE

정보를 제공하고 있는 호스트를 site라 부른다.

SNMP(Simple Network Management Protocol)

네트워크 상에서 호스트나 라우터 다른 컴퓨터나 장치들을 원거리에서 감시하고 관리하는데 사용하는 프로토콜

SNA(System Networ Architecture)

Star형

중앙에 주컴퓨터가 있고 모든 단말기들이 중앙컴퓨터와 직접 연결되는 통신 회선에 접속되는 것이다.

SUBNET MASK

LAN에서 노드나 다른 LAN에 접속하기 위하여 참조용으로 사용되는 32비트의 TCP/IP 주소를 알아내기 위한 라우터의 구성정보

TCP/IP (Transmission Control Protocol / Internet Protocol)

서로 기종이 다른 컴퓨터들 간의 통신을 위한 전송규약을 말한다. 일반 PC와 중형 호스트 사이 IBM PC와 MAC 사이, 서로 회사가 다른 중대현 컴퓨터들 사이의 통신을 가능케 해주는 역할. (컴퓨터 네트워크 간의 정보전송을 위한 프로토콜의 총칭으로 쓰이고 FTP, Telnet, SMTP등을 포함한다.) TCP는 데이타를 Packet으로 나누고 IP에 의해서 전송되며 전송된 Packet은 TCP에 의해서 다시 묶여짐.

Telnet (텔넷)

텔넷은 원격지의 컴퓨터에 접속하기 위해서 지원되는 인터넷의 표준 프로토콜 중의 하나이다. 텔넷을 이용해서 우리는 세계 어느 지역의 컴퓨터이건 만약 그 컴퓨터가 인터넷에 연결되어 있고 그 컴퓨터에 계정을 가지고 있다면 거리상의 제약을 받지 않고 실시간 접속을 할 수 있다.

Termianl (터미날)

다른 장소에 있는 컴퓨터와의 연결을 위한 기계/ 소프트웨어

Tin (틴)

유스넷 뉴스를 쉽게 관리할 수 있도록 도와주는 프로그램을 뉴스리더(News reader)라고 하는데 그 중 하나가 Tin이다.

Traffic (트래픽)

네트워크 위를 흐르는 데이터 양을 말한다.

Trumpet Winsock (트럼펫 윈속)

트럼펫 윈속이란 MS-Windows 계열 운영체제에서 인터넷 프로토콜인 TCP/IP에 대한 API(Application Programming Interface)의 하나의 표준안에 근거하여 구현된 하나의 소프트웨어 패키지이다. 트럼펫 윈속 외에도 윈속 프로그램은 많이 있다. 트럼펫 윈속이 많이 사용되는 이유는 쉐어웨어이며 안정적이기 때문이다. SLIP/PPP를 이용하기 위해서는 적어도 '트럼펫 윈속'과 같은 윈속 프로그램이 필요하다.

Tme out 접속 시간이 끝나다.

Tread 쓰레기, 같은 주제에 관한 일련의 투고

Taffic 정보의 흐름

Tansfer 트랜스퍼, 이동(하다)

Tash 버리다, 휴지통

Ucompress 압축을 풀다.

Usubscribe from-- --을 탈퇴하다,등록을 취소하다.

Udate 업데이트하다, 정보를 갱신하다.

Uload 업로드하다,파일을 보내다.

URL web 페이지 주소

USENET 유즈넷

usename 네트워크 상에서의 자신의 이름,전자 메일 주소에서 @앞에 쓰는 부분

Upload (업로드) 원격지 컴퓨터로 파일 내용을 전송하는 것. 다운로드의 반대.

URL (Uniform Resource Locator)

URL은 WWW정보의 주소 지정 방식으로 WWW의 기본이 된다. 이 통신규약을 이용하여 WWW은 하이퍼텍스트 문서뿐만 아니라 FTP, Gopher, Usenet등 인터넷에 존재하는 어떠한 형태의 정보라도 가져올 수 있다.

Usenet News (유스넷 뉴스)

유스넷 뉴스란, 인터넷 사용자들이 특정한 주제에 대한 글을 게재하거나 파일을 올림으로써 정보를 교환하는 일종의 게시판이다. 수 만개에 이르는 뉴스그룹은 컴퓨터에 관한 정보에서 부터 학문, 취미, 토론, 사회문제 등 헤아릴 수 없이 많은 내용이 담겨 있다.

UUCP (Unix to Unix Copy Program)

Unix 호스트간의 파일 전송을 행하는 프로그램

Terminal server

한 쪽은 많은 모뎀들에게 연결되고 다른 쪽은 랜이나 호스트 장비에 연결된 특별한 컴퓨터. 한쪽에서 들어오는 명령을 수행할 노드에 연결해 놓는 것이다. 인터네트에 연결되어 있는 대부분의 터미널서버들은 PPP나 SLIP 서비스를 제공한다.

TOKEN PASSING

토큰을 차례로 전달해 가는 방법이다.

TOPOLOGY

컴퓨터 네트웍의 물리적인 형태, 즉 컴퓨터와 컴퓨터간의 배선 모양이나 통신 채널이 통신망에 연결되는 형태를 말한다.

TRANSCEIVER

Ethernet 동축케이블과 주변기기(PC, HUB, Repeater...)와의 접속을 위한 장비로서 Thick type의 신호를 AUI type으로 변환시켜주는 변환기이다.

TUNNELING

LAN 프로토콜을 전송하기 위하여 프로토콜을 암호화하는 개념이다.

TWISTED-PAIR WIRE

전화선과 같은 두 줄의 도선을 쌍으로 꼬아 놓은 케이블로서 자계에 의한 유도를 받아 기전력을 받아도 기전력을 서로 없애주기 때문에 어느 정도 잡음에 대한 내성을 가지고 있다.

UNIX(유닉스)

운영체제(OS: Operating System, 컴퓨터 운영 소프트웨어)의 종류. 유닉스는 많은 이용자들이 사용할 수 있고,TCP/IP 프로토콜도 유닉스에서 사용 가능하다. 인터네트의 서버용으로 가장 많이 사용되고 있는 운영체제이다.

UUCP

Unix-To-Unix Copy는 한 컴퓨터에서 다른 컴퓨터로 화일을 복사하는 것이다.

Va

--을 통해서라는 뜻이지요 국제 우편에 많이 쓰입니다.

Vsit my web page at-

--에 있는 나의 HOMEPAGE를 방문해주세요.

VDOLive

VDOLive는 Video 이미지를 화질의 손상없이 압축하여 실시간으로 전달하는 프로그램이다. VDOLive는 인터넷 연결 속도에 따라 전송률이 결저되는데, 28.8kbps인 경우 1초당 10에서 15프레임의 실시간 전송이 가능하다. VDOLive 플러그인 프로그램은 http://www.vdolive.com/에서 다운로드 받을 수 있다.

VPN (Virtual Private Network)

가상 사설망. 기업에서 별도의 사설 전용망을 구축하지 않고도 PSINet망의 기능을 사용하여 마치 자신의 사설망을 구축한 것처럼 사용할 수 있는 망 서비스로서 국내외에 있는 지사 및 협력사에 각종 정보(멀티미디어)를 제공할 수 있는 첨단의 기업 통신 서비스 사업이다.

VRML (Virtual Reality Markup Language)

Virtual Reality Modeling Language 의 약자로서 3차원 가상현실을 모델링하기 위한 언어를 뜻합니다. 인터넷 웹상에서 3차원의 가상 현실을 볼 수 있도록 사용됩니다. VRML을 보기위해서는 VRML용 웹브라우저를 사용하던지 LIVE3D프로그램 을 네스케이프에 연결해서 볼 수 있다.

WAIS (Wide Area Information Service)

원하는 파일 및 자료의 위치를 쉽게 찾아볼 수 있고 전 세계에 흩어져 있는 유명 대학, 연구기관등의 정보를 쉽게 색인, 조회할 수 있는 검색 서비스.

WAN (Wide Area Network)

떨어진 장소의 복수 랜을 접속한 광역 네트워크. 광역 정보 통신망이라고 한다.

Web FX

Web FX는 넷스케이프 상에서 VRML을 볼 수 있게 해주는 프로그램이다. VRML이란 2차원적인 HTML의 한계를 극복하기 위해 탄생한 언어 사양이다. 즉, 3차원 가상현실 공간을 표시하기 위해 개발된 언어 사양중 하나인 것이다.

Web Search Engine (웹 검색엔진)

어떠한 검색어을 입력 했을때 그 단어를 포함하고 있는 웹 서버의 주소 목록을 알려주는 웹서버들을 검색엔진이라 부른다. 웹 검색엔진이란 인터넷에 존재하는 정보들의 위치를 자신의 데이터 베이스에 구축하여 놓고 사용자들이 원하는 정보의 위치를 알려주는 웹사이트로 로봇 에이전트라는 것을 이용해서 데이터베이스를 구축.

▶ 로봇 에이전트란?

하나의 웹 검색 프로그램으로 한 웹 사이트에서 시작해서 연결된 이웃 사이트로 이동, 이런 식으로 연결된 모든 사이트를 검색하여 각각의 주소를 웹 검색 엔진의 데이터베이스로 보내 저장하는 역할을 한다.

Wois

인터넷에 등록된 사용자, 도메인, 기관명에 관한 정보를 알려주는 기능.

WorldsChat (월드채트)

Worlds사에서 만든 3차원 대화 프로그램으로 화면에 나타나는 자신의 모습을 몇 개의 형상 중에서 선택할 수 있다. 마우스를 움직이면 몸이 움직이고 화면에 나타나는 가상 공간으로 돌아다닐 수 있다. 비록 실물은 아니지만 대화하고 있는 사람이 선택한 모습도 볼 수가 있다. 단순히 텍스트를 기반으로 대화만 주고 받는 것이 아니라 가상공간 안 곳곳을 직접 다니면서 대화를 즐길 수 있다.

WSP (Web-hosting Service Provider)

WSP란 자신의 서버에 다른 기관의 홈페이지를 등록하여 서비스를 제공하는 기관. 즉, 웹서버 장비를 보유하고 있지 않거나 운영 능력이 없는 기관을 대상으로 웹 서비스 및 유지 보수를 대행해 주는 기관을 말한다.

WAIS

Wide Area Information service

Internet provider computer에 의해서 운영되고 있고 인덱스된 화일을 통해서 정보를 검색하는 인터넷의 정보를 탐색할 수 있다.

WAN(Wide Area Network)

보통 직렬 라인으로 연결되어, 넓은 지역을 연결하는 네트워크 입니다.

WINS

Windows Internet Name Service

WINS는 컴퓨터 이름을 IP어드레스로 mapping시켜 주는 동적 데이타베이스를 제공한다. 따라서 TCP/IP에서 사용하는 IP 대신 컴퓨터 이름을 사용할 수 있다.

DNS와 거의 같은 개념이다.

WHOIS

WHPIS 서비스는 InterNIC(International Network Information Center)에서 제공하는 서비스로 거의 모든 인터넷 사용자들의 정보를 담고 있습니다. 뿐만 아니라 호스트 및 네트워크에 관한 정보들도 있어 매우 유용하게 사용 됩니다. 인터넷 사용자들의 정보를 보기 위해서는 WHOIS라는 서비스를 이용해야 합니다. WHOIS 서비스는 telnet 을 이용하여 InterNIC에 직접 연결하여 이용하여야 합니다. 접속시에 "whois"라고 입력을 하면 바로 서비스를 이용할 수 있습니다.

WORK GROUP

서버와 PC를 연결하여 각각 다른 업무를 하면서 파일을 전송하거나 다른 컴퓨터와 연결되어 있는 주변장치들을 공유하는 사용자의 모임이다.

WORKSTATION

LAN상에 설치된 일반 사용자들의 PC로서 파일 서버를 액세스하고 데이터의 입출력 및 각종 응용 S/W를 수행하는 클라이언트 시스템이다.

White Pages 어드레스 검색 서비스

wired 네트워크에 연결되다.

X 성 (性)적인..~~~

X-PICS 성 (性)적인..~~~그림

Yellow Page INTERNET 상의 HOMEPAGE 검색 프로그램

Yahoo (야후)

1994년 스탠포드 대학교의 대학원생이었던 데이비드 필로와 제리 영이 만든 검색엔진. 주제별로 계층적 인덱싱이 되어 있고 오랜 개발 과정을 거쳤기 때문에 검색 결과에 대한 만족도가 높다.

끝맺는 말

"내가 요즘 인터넷, 인터넷 하면서 하도 떠들기에 들어가 봤더니 웬걸, 볼만한 사이트는 거의 다 영문사이트라서 원체 영어실력이 없는 나로서는 도무지 방법이 없다"

필자가 일전에 출장중 전라도 광주에 갔다가 안경을 사기 위해 어느 안경점에 들렀을 때 직원분과 이야기하던 중 그분에게서 들은 한숨 섞인 말이었습니다.

요즘 웹상에서 동시에 번역을 해주는 소프트웨어나 기타 웹서비스가 등장하기도 하였지만 매우 불완전하고 이를 통하여서는 만족스러운 번역을 기대하기 어려우므로 결국 이를 이해하고 속 시원히 답을 내주는 것은 독자여러분 자신에게 달려있다고 생각합니다.

그래서 필자는 볼만한 웹사이트를 수록하고 이를 이해하기 위한 영어단어와 숙어들을 정리함으로써 인터넷 영문 사이트 여행에 길잡이로서의 역할을 하고자 노력하였습니다.
워낙 인터넷 자체가 변화가 빠른 분야라서 자료를 정리하고 집필하는데 애를 많이 먹었지만 되도록 쉽고 재미있게 인터넷 안내서까지 겸하도록 기획하였으므로 인터넷이나 영어에 익숙하지 않은 분들에게 많은 도움이 되리라 확신합니다.

저에게 동기부여(?)를 해주신 그 때의 안경점 직원분께 다시 한번 감사드리며 이 책이 나오도록 격려와 도움을 아끼지 않으신 청마출판사 조창남

사장님과 직접적인 기회를 갖도록 도와주신 최정재 부장님과 바쁜 와중에도 기꺼이 표지디자인을 맡아주신 우영주양에게도 감사의 말씀을 드립니다.

마지막으로 항상 은혜 가운데서 저를 돌보시는 하나님과 하늘나라에서 저를 위하여 기도하고 계실 어머님께 이 책을 바칩니다.

재미있게 배우는 인터넷 영어

2014년 2월 5일 인쇄
2014년 2월 10일 발행

지은이 | 공 호 경
옮긴이 | 김 성 연
펴낸이 | 김 용 성
펴낸곳 | **지성문화사**
등 록 | 제 5-14호(1976.10.21)
주 소 | 서울시 동대문구 신설동 117-8 예일빌딩
전 화 | 02)2236-0654, 2952
팩 스 | 02)2236-0655, 2953